Pierre Kodjio Nenguie

Döblins Beziehungen zum Eigenkulturellen: Das Kampfmotiv als Zugang zum Fremdkulturellen

Untersuchung zum Roman
„Wadzeks Kampf mit der Dampfturbine" (1918)

Beitrag zur expressionistischen Avantgarde

Pierre Kodjio Nenguie

**DÖBLINS BEZIEHUNGEN ZUM EIGENKULTURELLEN:
DAS KAMPFMOTIV ALS ZUGANG ZUM
FREMDKULTURELLEN**

Untersuchung zum Roman
„Wadzeks Kampf mit der Dampfturbine" (1918)

Beitrag zur expressionistischen Avantgarde

ibidem-Verlag
Stuttgart

Die Deutsche Bibliothek - CIP-Einheitsaufnahme:

Ein Titeldatensatz für diese Publikation ist bei
Der Deutschen Bibliothek erhältlich

∞

Gedruckt auf alterungsbeständigem, säurefreien Papier
Printed on acid-free paper

ISBN: 3-89821-015-4
© *ibidem*-Verlag
Stuttgart 2000
Alle Rechte vorbehalten

Das Werk einschließlich aller seiner Teile ist urheberrechtlich geschützt. Jede Verwertung außerhalb der engen Grenzen des Urheberrechtsgesetzes ist ohne Zustimmung des Verlages unzulässig und strafbar. Dies gilt insbesondere für Vervielfältigungen, Übersetzungen, Mikroverfilmungen und elektronische Speicherformen sowie die Einspeicherung und Verarbeitung in elektronischen Systemen.

Printed in Germany

Inhaltsangabe

VORWORT 7

EINLEITUNG 9

1 ERSTER TEIL - ANALYSE DER KAMPFSTRUKTUR 15

1.1 *Analyse der Kampfmotivationen* *15*

   1.1.1 Ökonomische Zwangsintegration als Ausgangspunkt des
        Konkurrenzkampfes 15

   1.1.2 Selbstbehauptung und Heldentum als Motivationen des wirtschaftlichen
        Konkurrenzkampfes? 18

1.2 *Analyse der Auswirkungen des Konkurrenzkampfes* *23*

   1.2.1 Zerfall des Patriarchalismus und Autonomiesuche als soziale
        Auswirkungen des Konkurrenzkampfes 23

1.3 *Zur Verzerrung der Persönlichkeitsstruktur: Abnorme Verhaltensweisen als*
    Auswirkungen der wirtschaftlichen Konkurrenz *32*

2 ZWEITER TEIL - ZUR MULTIDIMENSIONALITÄT DES KAMPFES 41

2.1 *Analyse der ökonomischen und soziopolitischen Dimensionen des*
    Konkurrenzkampfes *41*

   2.1.1 Die Wirtschaftliche Dimension 41

   2.1.2 Die soziopolitische Bedeutung des wirtschaftlichen Konkurrenzkampfes 45

2.2 *Die romantechnische Dimension des Konkurrenzkampfes* *49*

   2.2.1 Simultaneität von Lebensgeschichten: Defizienz von Handlung und
        Charakter? 49

   2.2.2 Die Bedeutung von Fakten, Zitaten und Anspielungen 55

   2.2.3 Döblins Romankonzeption: „Depersonation" und Objektivität? ... 61

**3 DRITTER TEIL - DÖBLINS KRITIK DER BÜRGERLICH-KAPITALISTISCHEN
EINDIMENSIONALEN WELTSICHT AM BEISPIEL VON WADZEK** 71

3.1 *Zur Analyse von Wadzeks Stellungnahmen zur Technik* *71*

3.2 *Wadzeks Stellungnahme zur Technik: Ausdruck der Ambivalenz von Döblin*
    gegenüber dem Futurismus? *75*

3.3 *Zur Kritik der Vermassung und der Entfremdung im Roman: Ausdruck*
    vom Döblinismus *79*

3.4 *Wadzek: Döblins Auseinandersetzung mit der bürgerlich-kapitalistischen*
    eindimensionalen Weltsicht? *86*

4 VIERTER TEIL - ZUR PROBLEMATISIERUNG DES EIGEN- UND FREMDKULTURELLEN IM ROMAN 89

   4.1 Zur Kritik am Eigenkulturellen 89

      4.1.1 Döblins Kritik an der klassischen europäischen Tragödie 89

      4.1.2 Die Kritik an der deutschen Familie 90

      4.1.3 Wadzeks Europabild bei der Amerikareise 94

   4.2 Döblins Umgang mit dem Fremdkulturellen: Afrika oder Indien als Muster? 95

      4.2.1 Das problematische Fremdkulturelle in der Geburtstagsszene 95

      4.2.2 Die Thematisierung des kulturellen Synkretismus in der Geburtstagsszene: Döblins Reaktion auf den außereuropäischen Diskurs ..99

      4.2.3 Polyfunktionalität des kulturellen Synkretismus und die europäische Krise 107

AUSBLICK 113

LITERATURVERZEICHNIS 115

   1.1 Primärliteratur 115

   1.2 Sekundärliteratur 115

   1.3 Allgemeine Literatur 117

   1.4 Wörterbücher und Lexika 119

BIOGRAPHIE 121

Vorwort

Die vorliegende Untersuchung ist das Ergebnis meiner ersten wissenschaftlichen Auseinandersetzung mit der deutschen Literatur. Sie gilt als Vorstufe meiner Beschäftigung mit der deutschen Avantgarde und mit dem Werk von Alfred Döblin. Mehr noch gilt sie als kritische Auseinandersetzung mit der deutschen Kultur zu Anfang dieses Jahrhunderts.

Danken möchte ich meinen Dozenten Herrn Oelsner, Herrn Prof. Dr. Norbert Ndong. Prof. Dr. David Simo spreche ich meinen innigsten Dank aus, weil sie immer diskussionsbereit waren und für meine Ausbildung gesorgt haben. Allen anderen Dozenten der deutschen Abteilung an der Universität von Yaounde und an der Ecole Normale Superieure von Yaounde zolle ich meinen Dank.

Meiner Frau Kodjio Brigitte danke ich für ihre ständige Unterstützung. Folgenden Personen schulde ich ebenfalls Dank: Fofe Lucas, Abong Therese, Zangue Paul, Albert Gouaffo, Louis Diendonné Nonga und Jacques Robinson Kamwa

Frau Dr. Katrin Hoffmann-Waldbeck zolle ich ebenfalls Dank. Ihre materielle Unterstützung war von großer Bedeutung. Ohne diese hätte diese Arbeit ihre jetzige Form wahrscheinlich nicht angenommen. Zum großen Dank bin ich Herrn Dr. Alioune Sow verpflichtet, der mit Sorgfalt den bedeutenden Teil dieser Arbeit betreut hat und mir ständig seine Bibliothek zur Verfügung stellte. Seine Ratschläge und Diskussionsbereitschaft haben mir immer wieder dazu verholfen, meine Gedanken zu reorganisieren. Herr Dr. Yomay (Aachen) und PD.Dr. Götsche (Münster) haben die Endfassung sorgfältig gelesen. Dafür bin ich ihnen dankbar.

Zum Schluß seien hier allen gedankt, die mir beigestanden haben und deren Namen hier nicht erwähnt sind.

Einleitung

Die Idee, über Alfred Döblins Roman *Wadzeks Kampf mit der Dampfturbine* zu arbeiten, ist aus einem Seminar erwachsen, das Dr. Alioune Sow über Wolfgang Koeppens Romantrilogie *Tauben im Gras, Das Treibhaus, Der Tod in Rom*[1] während des akademischen Jahres 1990 - 1991 im dritten Jahrgang veranstaltete. In meiner Auseinandersetzung mit der Sekundärliteratur über diese Romane habe ich erfahren, daß Alfred Döblin unter anderem Koeppen in seiner Schreibweise beeinflußt habt. Außerdem machten die Verwendung der Montage- und Collagetechnik, die Ästhetisierung von der filmischen Technik der Simultaneität und sowie die sequenzartige Darstellung in den genannten Romanen einen starken Eindruck

Die Fragen, warum die Struktur von Romanen sich verändert und warum neue Techniken überhaupt in diese eingeführt werden, haben mich seither beschäftigt. Ganz zufällig bin ich auf Alfred Döblins *Wadzeks Kampf mit der Dampfturbine*, dessen Titel mich faszinierte, gestoßen. Konzipiert wurde diese Arbeit ursprünglich als vergleichende Studie. Jedoch scheiterte dieses Arbeitsvorhaben an der Schwierigkeit, einen afrikanischen Roman zu finden, dessen Struktur und Thematik mit denen von Döblins Roman vergleichbar war. Deswegen entschloß ich mich lediglich ‚mich mit dem Wadzek –Roman auseinanderzusetzen .

Dieser Roman wurde 1914 geschrieben, aber erst 1918 veröffentlicht. Er sollte anfänglich den Titel *Die Dampfturbine. Berliner Roman in zwei Bänden* tragen. Das erste Buch sollte *Die Dampfturbine,* und das zweite *Der Ölmotor* heißen. Zu diesem Zweck hielt sich Döblin wochenlang in Fabriken der AEG auf[2]. Der Roman behandelt die Geschichte des Kleinindustriellen Wadzek, der sich mit dem Trustsystem auseinanderzusetzen hat. Das Romangeschehen beginnt damit, daß der Trustbesitzer Rolle die Fabrik von Wadzek in seine Werke einzuverleiben versucht. Wadzek muß sich also gegen die Zwangsintegration wehren. Im Laufe des Konkurrenzkampfes benutzt er alle Mittel, die ihm zur Verfügung stehen, um seine Fabrik zu retten. Er verliert aber den Kampf und flieht nach Amerika.

---

[1] Koeppen, Wolfgang: Tauben im Gras, Das Treibhaus, Der Tod in Rom, Frankfurt am Main 1986.
[2] Vgl. hierzu Loerke, Oskar zitiert nach Ribbat, Ernst: Die Wahrheit des Lebens im frühen Werk Alfred Döblins, Münster 1972, S. 172.

Die erste Rezeption des Romans zeigt, daß er horizontbrechend wirkt. Döblins Freund und Kritiker Martin Buber schreibt dazu:

„Es ist mir leider nicht möglich geworden eine innere Beziehung zu dem Roman zu bekommen. Er [der Roman] kommt mir in einer ungeheuren Weise verfehlt vor, und zwar so, daß nicht etwa dies oder jenes daran zu bemängeln wäre, sondern das ganze Gebäude stimmt nicht [...]."[3]

Auf diese Bemerkung antwortet ihm Döblin, ohne Schlüssel könne man nicht ins Haus.[4] Tatsächlich scheinen manche Zeitgenossen nur schwer den Schlüssel zum Wadzek-Roman zu finden. Ein Überblick der zeitgenössischen Rezeption des Romans könnte dies bestätigen.

Fr. Th. Körner sieht den Roman als den Ausdruck der Zwangsintegration und der Schilderung der Charaktere des Großstadtmenschen an.[5] Martin Buber nimmt „das Dokumentarischen" von Büchern wie *Wadzek* wahr, das seit den harmlosen Zeiten des Zolaschen Paris eben noch gescheitert sei. Außerdem sei der Roman als ein Großstadtroman zu betrachten.[6] Franz Herwig hat dem Wadzek-Roman einen Teil seiner kurzen Analyse zum Werk von Alfred Döblin gewidmet. Dabei kommt er zu dem Schluß, daß die wirtschaftliche Konkurrenz und die Gewalt Grundaspekte des Romans seien.[7] Hanns Johst analysiert den Roman ganz oberflächlich und zieht den Schluß, er sei die Fabel des neuen Romans und der Ausdruck der leidenschaftlichen Vorgänge des wirtschaftlichen Lebens und des Lebenskampfes, der in einen „bioskopisch gehetzten Kampf von Selbst - und weltanschaulich wesentlichen Einzelheiten" zerfalle.[8] Ein langjähriges Schweigen folgte jedoch dieser zeitgenössischen Rezeption des Romans. Von 1919 bis zum Tod des Autors, scheinen Rezensenten kein Interesse für ihn zu zeigen, da keine nennenswerten wissenschaftlichen Arbeiten über den Roman geschrieben wurden.

---

[3] Buber, Martin zitiert nach Riley, Anthony W. in: Döblin Alfred: Wadzek Kampf mit der Dampfturbine. Ungekürzte Ausgabe, München 1987, [¹1918].

[4] Ebd.

[5] Körner, Th. Fr.: Kurze Anzeigen. Wadzeks Kampf mit der Dampfturbine in: Das literarische Echo, Leipzig 21 (1918) 2, S. 114 - 115.

[6] Vgl. hierzu Buber, Martin: Alfred Döblin, Wadzeks Kampf mit der Dampfturbine in: Zeitschrift für Bücherfreunde. Beiblatt, Bern/München 10 (1919), 10, S. 587, hier S. 587.

[7] Vgl. hierzu Herwig, Franz: Neue Romane in: Hochland, Bern/München 16 (1919), 7, S. 95 - 97, hier S. 95 und 96.

[8] Johst, Hans: Alfred Döblin, in: Die neue Rundschau, Berlin 30 (1919), Bd. 1, S. 126 - 127, hier S. 126 f.

Erst nach dem Tod des Autors messen viele Kritiker dem Wadzek-Roman eine große Bedeutung bei: so widmet ihm Roland Links ein Kapitel seiner Döblin-Monographie. Er legt besonders viel Wert auf sozialkritische und politische Aspekte des Romans. Hansjörg Elhorst analysiert vor allem die soziopolitischen und psychologischen Motivierungen der Romangestalten.[9] Louis Huguet hebt die Bedeutung des Komplexes von Mythen, Symbolen, Parabeln sowie der damit zusammenhängenden sexuellen, psychologischen und religiösen Bezüge hervor.[10] David Dollenmayer, Walter Pallus und Klaus Müller Salget analysieren die Beziehung zwischen dem Menschen und der Maschine und kommen zum Ergebnis, daß der Roman Ausdruck der Entfremdung sei.[11] Die Analyse von Ernst Ribbat scheint besonders aufschlußreich zu sein, weil sie viele Deutungsmöglichkeiten anbietet. Neben der Darstellung des Problems „Menschen und Technik" sind die Selbstentfremdung des Einzelnen und die Aufarbeitung von Ähnlichkeiten zwischen gewissen Charakterzügen einiger Romanfiguren und denen des Autors und seiner Familie grundlegende Aspekten der Analyse.[12]

Ira Lorf eröffnet in ihren neueren Beiträgen eine interessante Perspektive. Der Geburtstagsszene mißt sie einen bedeutenden Wert bei. In einer interdiskursiven Analyse versucht sie die kulturellen, historischen und gesellschaftlichen Wissensbestände aus dem Roman herauszuarbeiten. Dabei setzt sie das Wissen über „die Fremde" in den Mittelpunkt der Analyse.[13]

Fast alle diese Kritiker heben entweder die Themen „wirtschaftliche Konkurrenz", „Entfremdung" oder „Beziehung zwischen dem Menschen und der Maschine" oder noch

---

[9] Elhorst, Hansjörg zitiert in der vorliegenden Ausgabe in: Nachwort des Herausgebers, S. 365 - 391 hier S. 373.

[10] Vgl. hierzu: Huguet, Louis zitiert nach dem Herausgeber vorliegenden Ausgabe: a.a.O., S. 374.

[11] Vgl. hierzu: Pallus, Walter: Wadzeks Kampf mit der Dampfturbine in: Spiewott, Wolfgang (Hrsg.): Der deutsche Roman bis 1949, 5. Auflage, Berlin 1983 (^{1}1972), S. 114 - 115 hier S. 115 und Salget Müller, Klaus: Alfred Döblin. Werk und Entwicklung, Bonn 1972, S. 52 f. und Dollenmayer, David: The Berlin Novels of Alfred Döblin. Wadzek´s battle with the stream turbine, Berlin Alexanderplatz, Men without mercy and November 1918, Berkeley/Los Angeles/London 1988, S. 37 und S. 41.

[12] Vgl. Ribbat, Ernst: Die Wahrheit des Lebens im frühen Werk Alfred Döblins, Münster 1970, S. 175 und S. 186.

[13] Vgl. Lorf, Iva: „Hier war man im echten Urwald". Zur Verarbeitung ethnographischen Wissens in einem ‚nicht-exotischen' Text Alfred Döblins in: Jahrbuch für Interkulturelle Germanistik. Internationale Alfred Döblin Kolloquium (Hrsg. von Michel Grunewald), Paris, S. 113 - 125 und Dies: Wissen-Text-Kulturelle Muster zur literarischen Verarbeitung gesellschaftlicher Wissensbestände in Alfred Döblins Roman „Wadzeks Kampf mit der Dampfturbine in: Jahrbuch für internationale Germanistik. Internationale Alfred Döblin Kolloquium (Hrsg. von Michel Grunewald), Bern, 1995, S. 83 - 94 und Dies: Maskenspiele Wissen und kulturelle Muster in Alfred Döblins Romane ‚Wadzeks Kampf mit der Dampfturbine" und ‚Die drei Sprünge des Wang Lun'... 1999.

das Besondere der Romanstruktur hervor. Abgesehen von der Analyse von Hanns Johst, der lapidar vom Lebenskampf spricht, behandelt keiner eingehend das Kampfmotiv. Auch ist keiner zu der Einsicht gelangt, daß der Kampf im Roman mehrdimensional ist.

Die vorliegende Arbeit geht von der Hypothese aus, daß der Kampf[14] im Wadzek-Roman thematisch und literaturästhetisch zu erfassen ist. Er soll ferner als der eigene Kampf des Autors analysiert werden, der in das expressionistische Motiv des Kampfes[15] sich einordnen läßt.

Meine Untersuchung versteht sich als eine Auseinandersetzung mit Döblins Selbstverständnis des expressionistischen Kampfes. Sie gilt ferner als Beitrag zur Döblin-Forschung und zur deutschen Avantgardeforschung. Der Kampf wird als ästhetische Kategorie der (Post)moderne aufgefaßt. Untersucht werden hier die verschiedenen Facetten des Kampfes wie sie im Roman dargestellt werden. Die so dargestellten Dimensionen des Kampfes haben außertextliche Bezüge. Diese Bezüge sind soziopolitischer, ökonomischer, kultureller, struktureller und literaturästhetischer und ideologischer Natur. Die Rekonstruktion des Kampfes in *Wadzeks Kampf mit der Dampfturbine* kann die Beziehung zwischen Literatur und Kultur bzw. Text und Kontext nicht ausklammern. Daraus ergibt

---

[14] Über dem Kampfbegriff steht eine Reihe von Definitionen. In seinem ursprünglichen Sinne bedeutet er „Schlachtfeld. In dieser Hinsicht definiert er sich als das Grundverhaltensmuster von Tieren und Menschen; das in der Selbstbehauptungswiese des Individuums oder in dem Dasein jedes Einzelnen bzw. Tieres wurzelt. Kuno Lorenz definiert ihn als Instinkt bei dem Menschen und als Fundament des Aggressionstriebes. Manfred Buhr und Alfred Kosing betrachten ihn als eine notwendige Folge des Klassenkampfes und der daraus entspringenden gegensätzlichen Klasseninteressen wird der Kampf zum Teil des Geschichtsprozesses. Vgl. hierzu: Kuno, Lorenz zitiert nach Plack, Arnold (Hrsg.): Der Mythos vom Aggressionstrieb, Frankfurt/Main, Berlin 1980, S. 95 und Buhr, Manfred; Kosing, Alfred: Kleines Wörterbuch der marxistisch-leninistischen Philosophie, Berlin 1975 unter „Klassenkampf".

[15] Unter „einem literarischen Motiv" versteht man eine strukturierte inhaltliche Einheit, die allgemeine thematische Vorstellungen umfaßt und die eine symbolische Funktion hat. Es liegt sehr oft dem ideellen Beweggrund des Dichters zugrunde und bestimmt seine Stoffwahl, kann wiederum Problemträger sein. Zu unterscheiden ist zwischen Zentral- und Nebenmotiv. Das Zentralmotiv dominiert in einem literarischen Werk und die Nebenmotive tragen zu dessen Verständnis bei. Vgl. hierzu Wilpert (von), Gero: Sachwörterbuch der Literatur, Stuttgart 1989, unter „Motiv".

Der Expressionismus (1910 - 1925) thematisiert den Kampf in allen seinen Aspekten. Literaturtheoretisch betrachtet die expressionistische Avantgarde die Literatur als „gesellschaftliches Handeln". Dementsprechend obliegt dem Schriftsteller die Aufgabe der Macht den Geist entgegenzustellen und dem Volk Wahrheit und Gerechtigkeit zu zeigen. Der Schriftsteller habe gegen die „Unbeweglichkeit und Unproduktivität des Handelns" zu kämpfen. „Das Selbstverständnis" der Expressionisten basiert vor allem auf der „Entfremdung von Zeitgeist". Dies führt manche von ihnen zu Selbstreflexion. Diese kämpfen gegen die faulig absterbende Vergangenheit und zukunfthindernde Tradition und auch für neue Bewußtseinsinhalte, neue Ideen und neue Formen, die im ökonomischen, soziopolitischen und literaturästhetischen Bereich ihren Ausdruck finden. Es geht dem Schriftsteller darum, sich mit allen Kräften auseinanderzusetzen, die den Menschen versklaven können. Vgl. hierzu Bark, Joachim; Steinbruch, Dietrich (Hrsg.): Epochen der deutschen Literatur. 1. Auflage, Stuttgart 1989, S. 373 ff. und A, Hebert; Frenzel, Elisabeth: Daten deutscher Dichtung. Chronologischer Abriß der deutschen Literaturgeschichte Band 2. Vom Realismus bis zur Gegenwart, 23. Auflage, 1989 ([1]1962), S. 536.

sich, daß die Beziehung des Autors zu einigen zeitgenössischen literaturästhetischen Texten und Theorien, zu kulturellen, historischen und gesellschaftlichen Wissensbeständen mitberücksichtigt werden sollten. Andererseits gründet die Untersuchung auf der Erkenntnis, daß Kultur im Text manifest ist. Damit ist gesagt, daß Literatur im allgemeinen und der hier gewählte Roman speziell ein Medium ist, durch welches Kulturen beibehalten, verarbeitet, tradiert und untersucht werden. Dort, wo das menschliche Gedächtnis, die ideologische Geschichtsschreibung und andere Geisteswissenschaften versagt haben, können Literaturen und literarische Werke dazu verhelfen, Kultursegmente zu rekonstruieren. Diese kann der Literaturwissenschaftlicher an einem oder mehreren Werken desselben oder mehrerer Autoren erproben. Aufgrund der Wechselbeziehungen zwischen Fiktion und Realität, aufgrund der Inszenierung von kulturellen Situationen, der Einbettung einer Vielfalt von Texten, Kultursegmenten und Diskursen in demselben Roman wird der Text selbst zu dem literarischen Medium par excellence, in dem der Schriftsteller interpretierend und kritisierend verschiedene Erfahrungen und Perspektiven über seine Zeit und die Kulturen der Welt verarbeitet und sie dem Leser vermittelt.

Daher wird in dieser Untersuchung von einer Textdefinition ausgegangen, die verschiedene Kontexte einbezieht. Meine Methode will also semiotisch sein. In der Nachfolge des französischen Poststukturalismus und der Postmoderne wird jeder literarische Text als Intertextualität und Interdiskursivität betrachtet. Eine solche Textauffassung betrachtet den Text als ein System von kulturellen Zeichen, die aufeinander verweisen, sich ergänzen, sich widersprechen und miteinander dialogisieren. Der Sinn und die Bedeutung des Textes ergeben sich aus diesem Verweissystem. Die semiotische Methode hat den Vorteil, daß sie textimmanente, geistesgeschichtliche, psycho- und soziokritische, sowie strukturelle Textrekonstruktionen ermöglicht.

Die vorliegende Untersuchung gliedert sich in vier Teile. Behandelt werden die Motivationen und Auswirkungen im ersten Teil. Der zweite Teil ist der Mehrdimensionalität des Kampfes gewidmet. Im dritten Teil wird Döblins Selbstverständnis des expressionistischen Kampfes analysiert. Es wird als seine Auseinandersetzung mit der bürgerlich-kapitalistischen eindimensionalen Weltsicht dargestellt. Im letzten Teil der Untersuchung wird der Kampf gegen das problematisch gewordene Eigenkulturelle als Kritik an demselben untersucht.

1 ERSTER TEIL - ANALYSE DER KAMPFSTRUKTUR

1.1 Analyse der Kampfmotivationen

1.1.1 Ökonomische Zwangsintegration als Ausgangspunkt des Konkurrenzkampfes

Der Ausgangspunkt des wirtschaftlichen Konkurrenzkampfes im Wadzek-Roman ist eine ökonomische Zwangslage[16], die konfliktauslösend wirkt. Eingeführt wird der Leser in eine Liebesgeschichte zwischen zwei Romanfiguren, nämlich Gabriele und Wadzek. Dieses erotische Motiv gilt als ein Kalkülmoment, in dem sie ihre jeweiligen Interessen wahrzunehmen versuchen; denn in diesem ersten Zusammentreffen geht es Wadzek darum, Gabriele einen Auftrag zu geben, der darin besteht, daß diese letztere sich über die Vorhaben des Großindustriellen Rommel informiert. Hier gilt Rommel als Wadzeks Gegner:

> „Gabriele sollte ihn [Wadzek] von einer gewissen Transaktion, die Rommel vorhatte, rechtzeitig, informieren [...]"[17]

Anhand dieses Auftrags wird der Konkurrenzkampf angekündigt, dessen Vorgeschichte für den Leser nur schwer rekonstruierbar ist. Erst im Zusammenhang mit dem Freundschaftsmotiv wird dem Leser klargemacht, daß es sich um eine wirtschaftliche Konkurrenz handelt. Dies geschieht dadurch, daß Schneemann, der Freund von Wadzek, sich bereit zeigt, Partei für ihn zu ergreifen:

> „Mit dem Fabrikdirektor Wadzek ging er [Schneemann] kegeln. Als Gerüchte verlauteten, daß Rommel die Maschinenfabrik aufsaugen wollte durch allmählichen Ankauf der Aktien, zog Wadzek seinen Freund ins Vertrauen gegen Gegenmaßnahmen."[18]

So streben beide Freunde an, Rommels Strategie zu entlarven. Diese Strategie von Rommel besteht in der Zwangsintegration Wadzeks Fabrik in sein eigenes Trustsystem. Gerade die Natur Rommels Strategie hat die Hauptfigur erkannt:

---

[16] Vgl. hierzu Ribbat, Ernst: a.a.O., S. 175.

[17] Döblin, Alfred: Wadzeks Kampf mit der Dampfturbine, ungekürzte Ausgabe, München 1987. 1918¹. Zur Bezeichnung des Titels benutzte ich „Wadzek".

[18] „Wadzek", S. 13.

> „Die Fabrik ist gut, die Produkte sind gediehen. Die Vervollkommnung meiner Prinzipien bringt weiter als das neue Gefusche. Das Ganze ist ein Bluff von Rommel [...]. Die Geschichte, wie man sich eine lästige Konkurrenz vom Halse schafft."[19]

Am Beispiel dieser Passage wird nun klar, daß es sich um einen wirtschaftlichen Konkurrenzkampf handelt, in dem Wadzek und Rommel jeweils als Gegner auftreten. Dabei hat Wadzek eine eigene Strategie, die lediglich als Gegengewicht zu Rommels Zwangsintegrationsvorhaben zu betrachten ist und die zwei Momente enthält. Das eine Moment ist die Entsendung seiner Tochter Herta als Unterpfand an Rommel. Das andere Moment ist die Intensivierung der Beziehung zu seinem Freund und dem Ingenieur Schneemann, der neue Maschinen erfinden könnte, die qualitativ die von Rommelschen Werken am weitesten übertreffen können. Beide Momente scheitern jedoch an dem von Rommel eingeleiteten Fusionierungsprozeß, dem Wadzek nicht entgegentreten kann.

Die Effektivität der Fusionierung wird Wadzek provokativ dargestellt. Dies findet Bestätigung in der Unverkäuflichkeitsnachricht von Wadzeks Kolbenstoßmaschinen zum einen und in der Fusionierungsnachricht Wadzeks Fabrik mit Rommelschen Werken zum anderen. Die Nachrichtenquelle ist dabei die in Holland, Java, Mittelamerika und Nordafrika vertretene multinationale Elberfelder Firma, welche in jenen Ländern elektrische Kraftstationen besitzt. Die beiden oben erwähnten Nachrichten erfährt der Leser in den folgenden Zeilen:

> „Man würde vorderhand jedenfalls keine neue Maschine mit Kolbenstoß einstellen, sofern nicht die weitere Prüfung im Versuchsfelde anders belehre. Sie [die Elberfelder Firma] fragte bei Gelegenheit an, ob die Gerüchte über Fusionierung seines Betriebes mit Rommelschen Werken begründet wären und ob sie ihren ernstgemeinten Glückwunsch zu dieser Transaktion aussprechen könnten."[20]

Hier ist festzustellen, daß Rommel in seiner Fusionierungsaktion und in seiner Kampagne gegen die von Wadzek erzeugten Maschinen von einem anderen erdteilübergreifenden Trustsystem geholfen wird. Vergleicht man die daraus entstandenen Kräfteverhältnisse, so stellt sich heraus, daß jedes Tun und Handeln Wadzeks nur wenige Erfolgchancen in der wirtschaftlichen Konkurrenz hat. So wird er bei einer Verhandlungsaktion mit Rommel auf einen bitteren Widerstand und auf eine große Demütigung stoßen müssen. Von nun an bildet sich in seinem Kopf ein negatives Bild seines Gegners, den er

---

[19] Ebd., S. 16.
[20] Ebd., S. 35.

„Roheit", „Niedertracht in seiner Person", „Moloch", „Verderber" und schließlich „Erwürger"[21] nennt. Dieses Bild reflektiert deutlich Wadzeks Frustration und die Zwiespältigkeit seines Inneren . Denn dabei ist er „ohnmächtig", auch wenn er weiß, es handelt sich um „Sein und Nichtsein".[22] Gleichzeitig aber spielt Schneemann, der Freund von Wadzek, eine katalysierende Funktion, die darin besteht, Wadzek die Kampfnotwendigkeit wahrnehmen und daran festhalten zu lassen. Schneemann ist davon überzeugt, daß einem nichts geschenkt wird und daß man deshalb kämpfen müsse.[23] Mit dieser Motivation sind psychische Prozesse gekoppelt :

> „Aber sobald er [Wadzek] wieder mit leerem und zerfasertem Kopf ein paar Minuten gestanden hatte, fiel ihm ein: Schneemann man muß die weiteren Verkäufe verhindern, man muß Rommel entlarven, man muß Briefe abfangen. Entlarven! Entlarven!"[24]

Wenn Wadzek Briefe abfangen will, so will er den völligen Ankauf seiner Aktien und Wechsel verhindern. Diesen Gedanken setzt er in die Tat um, wenn er einen Brief abfängt, der an den Makler Abbeg gerichtet wird. Dem Botenjungen tut er dabei Gewalt an. Eine antreibende Funktion hat dieser Brief, der in der Tat den Anfang der Auseinandersetzung von Wadzek mit der ganzen bürgerlich-kapitalistischen Gesellschaft[25] und seiner Integration in die Gewaltkur derselben markiert. Es ist also kein Zufall, wenn der Erzähler ihn mit einem „Todesurteil" und einem „Sarg"[26] vergleicht. Zu beobachten ist hier, daß der Konkurrenzkampf sich deshalb in Gewalttaten verwandelt, weil es Wadzek nicht gelingt, sich durch neue Erfindungen im technischen Bereich durchzusetzen, also geistig seinem Gegner Rommel standzuhalten, um damit die Oberhand in dem wirtschaftlichen Konkurrenzkampf zu bekommen. Die Folge davon ist der Zusammenbruch von Wadzeks Fabrik, der von seiner psychologischen Veränderung begleitet ist. Diese psychologische Veränderung besteht darin, daß Wadzek zum Gewalttäter wird. Dies drückt vor allem seine Reinickendorfer Verbarrikadierung aus, die als Abkapselung von der Außenwelt gilt. Es ist also festzuhalten, daß sein Engagement für den Kampf gegen Rommel vom Zwangsintegrationsversuch ausgelöst wird. Aber es läßt sich fragen, ob dies die einzige Motivation ist.

---

[21] Ebd., S. 25.
[22] Ebd., S. 30.
[23] Ebd.
[24] Ebd., S. 56.
[25] Unter bürgerlich-kapitalistischer Gesellschaft versteht er hier jene Gesellschaft, die die Werte der bürgerlichen Aufklärung und des Kapitalismus vertritt: z. B. die Freiheit des Menschen, des Handels, der Profitgewinn, das freie Unternehmertum.
[26] „Wadzek", S. 66.

1.1.2 Selbstbehauptung und Heldentum als Motivationen des wirtschaftlichen Konkurrenzkampfes?

Nicht nur die von Rommel geschaffene ökonomische Zwangslage, sondern auch die Selbstbehauptung und die Heldentumeuphorie könnten Wadzeks Engagement für den wirtschaftlichen Konkurrenzkampf rechtfertigen. Um diese Motivationen zu verstehen, ist es empfehlenswert, auf den Zusammenbruch der Fabrik von Wadzek und auf die daraus entstandenen Folgen zurückzugreifen. Es sei hier daran erinnert, daß Wadzek unter Notdruck ein Gespräch mit Rommel führen will. Schon im Gespräch mit seiner Frau gibt er zu verstehen:

„Geld brauch' ich Pauline. Ich muß mit Rommel sprechen. Ich muß betteln bei Rommel."[27]

Wenn man hier die Kräfteverhältnisse betrachtet, so stellt man fest, daß Rommel die Oberhand behält. Aufgrund dessen kann er Wadzek einschüchtern und demütigen. Kein Wunder also, daß der leidende Wadzek unter solch einem psychologischen Druck an seinem Ziel vorbeiredet:

„Es sind Schurken an der Arbeit Herr Rommel, die mich vernichten wollen. Sie sitzen überall, man kann nicht heran an sie, weil sie sich einhüllen."[28]

Solch eine Redesituation reflektiert die Frustration von Wadzek. Dabei kommt es unvermeidlich zur Vernichtung seiner Persönlichkeitswürde. Man muß hier bemerken, daß Wadzek zu dieser Situation deshalb gelangt, weil er vom Materiellen abhängt. Dieses Materielle wird durch die Suche nach Geld und durch den Rettungsversuch seiner Fabrik veranschaulicht. Damit schenkt er nur seinen Interessen eine besondere Aufmerksamkeit. In dieser Logik wäre zu erwarten, daß er etwa seinem Gegner Rommel Zugeständnisse macht, um dadurch den wirtschaftlichen Ruin zu vermeiden. Andererseits wäre ihm möglich gewesen, den Gegner zu töten. Das tut er aber nicht. Stattdessen setzt er sich mit dem gesamten kapitalistischen System auseinander. Daraus ergibt sich, daß er mehr als seine privaten wirtschaftlichen Interessen zu verteidigen vermag. Auf diese Weise hat er das Materielle in den Hintergrund geschoben. Dazu schreibt Louis Huguet mit Recht :

---

[27] Ebd., S. 14.
[28] Ebd., S. 15.

„L'industriel éviterait la ruine totale en acceptant de disparaître pour la fusion de son usine avec le trust du concurent [...]. Mais il y perdrait sa pesonnalité."[29]

So läßt sich die kategorische Ablehnung der Fusionierung durch Wadzek damit erklären, daß er die eigene Persönlichkeit behaupten will. Denn auch im kapitalistischen Gesellschaftsraum fungiert das Vermögen als eine Sache des Prestiges. Ferner gilt der wirtschaftliche Konkurrenzkampf zugleich als ein geistiger Konkurrenzkampf, in dem Rommel und Wadzek ihre jeweilige Überlegenheit zu behaupten beabsichtigen. Zum festen Ziel von Wadzek wird also die Selbstbehauptung innerhalb und außerhalb der wirtschaftlichen Sphären. Dabei verwandelt er seine wirtschaftliche Niederlage in etwas Positives. Dies geschieht dadurch, daß er sich von seiner kapitalistischen und technischen Vergangenheit ablösen will. Es ist also klar, daß die Selbstbehauptung bei Wadzek mit der Zerstörung seiner alten Persönlichkeit einhergeht. Diese Zerstörung der eigenen Persönlichkeit gilt als eine unerläßliche Bedingung für die Entfaltung von Wadzek. Sie bedeutet außerdem, daß er allen ihn bedrohenden Kräften trotzen will, um dann als Held hervorzutreten. Eine solche Interpretation, die die Zerstörung der eigenen Persönlichkeit als Weg zur Emanzipation betrachtet, scheint hier Huguets Überlegungen zum Wadzek-Roman nahezustehen:

> „Le héros sait même tirer profit de son échec. Acculé à la faillite, il la transforme en moyen de triomphe [...]. Il adopte l'attitude nietzschéenne de l'individu qui s'affirme en s'annihilant par ‚un mort volontaire. Une fois de plus le plus faible devient le plus fort'. C'est pourquoi dans sa fuite l'industriel garde son aggressivité et la conscience de soimême."[30]

Dem Leser des Romans Wadzek leuchtet ein, daß die gleichnamige Figur eine Ereroberposition innehat. Dies könnte am Beispiel des Prinzips des Heldentums erläutert werden. So weist in dieser Hinsicht die Brechtsche Rezeption dieses Romans auf die Kritik des Heldentums hin:

> „Der Held läßt sich nicht tragisieren. Man soll die Menschheit nicht antragöden."[31]

---

[29] Huguet, Louis: L'Oeuvre d'Alfred Döblin ou la dialectique de l'exode 1878 - 1918. Essai psychostructurelle. Thése, Université de Paris X 1970, S. 545.
[30] Ebd.
[31] Brecht, Bertolt zitiert nach dem Herausgeber der vorliegenden Ausgabe in „Wadzek", S. 383.

Brechts Bemerkung trifft zu, wenn man die Bemühungen der Hauptfigur um die Veränderung des durch die materiellen Bedingungen geschaffenen Schicksals betrachtet. Mit Hilfe seines Alter Egos Schneemann wird er es im Romangeschehen versuchen, dieses Schicksal loszuwerden. Diese Auseinandersetzung mit dem durch die bürgerlich-kapitalistische Gesellschaft konstruierten Schicksal scheint Döblin auch in einem an Martin Buber geschriebenen Brief auszudrücken:

> „[...] Haben Sie nicht diesen Schwächling, diesen Don Quichotte gesehen, der Wadzek, wie er mit seinem Comparativ ‚Schneemann' sich gegen sein Schicksal sträubt, sich in seiner Schwäche bis zur Katastrophe emporsteigt - Wie er zerschmettert einige bewußtlose Wege geht und dann halb im Traum verloren und verkauft nach Amerika schwimmt?"[32]

Im Zusammenhang mit dieser Äußerung ist festzustellen, daß die Thematisierung des Heldentums in enger Beziehung zum Schicksalsproblem steht. Nach dieser Äußerung wird dem Roman ein pessimistischer Ton zugeschrieben. Die Frage, ob die Hauptfigur Wadzek sich mit ihrer Amerikareise in eine Sackgasse verrennt, ist diskussionswürdig. Vor allem, wenn man ihre psychologische Entwicklung von einem Ideologen zu einem Morallehrer der Technik berücksichtigt. In dieser psychologischen Entwicklung ist immerhin etwas Positives wahrzunehmen. Dies wird deutlich, wenn Wadzek für die Humanisierung der Technik eintritt. Das Interessante bei der Verknüpfung des Kampfes gegen das Schicksal mit dem Heldentum ist das Experimentieren: Döblin geht es darum, am Beispiel der Hauptfigur Wadzek und seines Comparativs Schneemann zu zeigen, wie der Einzelne gegen sein Schicksal kämpfen kann. Dementsprechend besteht die Rolle des erzählenden Mediums darin, mit den Romanfiguren verschiedene Aspekte des Menschenschicksals durchzuexperimentieren.

Die Entwicklung der Hauptfigur Wadzek ist gekennzeichnet durch viele Schicksalsschläge, die von dem Zusammenbruch seiner Fabrik über das Scheitern der Verhandlung mit Rommel bis hin zu seiner tiefen Depression reichen. Betrachtet man alle diese Schicksalsschläge, so läßt sich Wadzek als ein Held betrachten, der jenen Schicksalsschlägen entgegenzuwirken hat. Dies tut er vor allem, wenn er ein Bündnis mit seinem Freund und Ingenieur eingeht. Dieser sollte ihm bei der Erfindung eines neuen Maschinentyps helfen, damit er seinen Gegner Rommel wirtschaftlich und geistig besiegen kann. Die weiteren Stationen der Auseinandersetzung von Wadzek mit seinen Schicksalschlägen sind die gescheiterte Verhandlung mit Rommel und die Integration in die Gewaltkur, die mit einer

---

[32] „Wadzek", S. 336.

Reihe von Gewalttaten endet. Beispiele davon sind die Mißhandlung des Botenjungen und des Sohnes der Vermieterin Litgau, Phillip. Außerdem tut er seiner Frau moralische Gewalt an, indem er sie unter Druck setzt. Dieser Phase der Gewalt entspricht seine ökonomische Niederlage. Infolgedessen muß er eine neue Konzeption der Technik entwickeln, die das gesamte gesellschaftliche System einschließen sollte.[33] Die Bildung dieser neuen Konzeption der Technik geht über mehrere Stufen seines Lebens. Sie fängt mit seinem Besuch in der Bibliothek des Patentamts an. Hier geht es ihm nicht nur darum, sich über neue technische Erfindungen zu informieren und davon zu lernen, sondern über dieses ganze Wissen nachzudenken:

„Er las von Watt und Stephenson. Heißer und heißer. Las er sich."[34]

Weiter heißt es:

„Wissen Sie, was mit Stephenson passiert ist, als er seine Geschichte machte? Wissen Sie? [...] Wissen Sie, was mit Nobel passiert ist?"[35]

Auf diese Art und Weise wird Wadzeks Sehnsucht nach dem Heldentum zum Ausdruck gebracht. Seinem Freund Schneemann berichtet er vom Heldentum jener Pioniere des Technikums. Damit projiziert er sich in jene repräsentative Figuren der Wissenschaft und Technikgeschichte hinein, deren Ruhm er selbst nur durch neue technische Erfindungen erreichen kann. Dies erfordert eine geistige Arbeit, denn die technischen Entwicklungen müssen der Kritik unterzogen werden. Insofern schließt solch eine geistige Arbeit jegliches Monopol aus. Auf dieser Basis kann zum Beispiel Wadzek eine neue Theorie der Technik, wie schon angedeutet, entwickeln, die nicht darauf abzielt, neue technische Erfindungen zu machen, sondern die Technik zu humanisieren. Auf diese Art und Weise läßt er sich in die Geschichte der Technik, kurz in die Geschichte der Menschheit als eine bedeutende Figur einordnen. Kein Wunder also, daß sich der Erzähler in sein Bewußtsein einschaltet, um anschaulich zu machen, wie er sich als Helden versteht:

„Er [Wadzek] sah sich als Fahnenträger im Streit gegen Rommel, vorn in der ersten Reihe, Ritter Georg."[36]

---

[33] Gemeint ist hier, daß die Technik dem Menschen helfen sollte.
[34] „Wadzek", S. 24.
[35] Ebd., S. 26.
[36] Ebd., S. 30.

Fener heißt es:

„Er fühlte bissige Reden wie: ‚Napoleon fährt auf Sankt Helena'".[37]

So läßt sich die Hauptfigur mit geschichtlichen Figuren vergleichen. Man könnte insofern daraus schließen, daß Döblins Roman eine Lobeshymne für das Heldentum ist. Dennoch ließe sich vieles dagegen einwenden. Zwei Argumente können dafür vorgebracht werden: Nach der Reinickendorfer Verbarrikadierung wird die Selbstüberschätzung Wadzeks dadurch abgelöst, daß er den Spiegel zerschlägt, in dem er sich sieht. Dies kann symbolisch für die Zerstörung des eigenen heroischen Bildes stehen, betrachtet man nur seine Entwicklung bis hin zur Selbstüberwindung und damit zu einer neuen Lebensanschauung. Problematisch ist auch die Eingliederung Wadzeks in die Gewaltkur und in die Anonymität der Großstadtumwelt. Die Frage ist dabei, ob ein Held, der sich behaupten will, sich so in eine Gewaltstruktur einschließen ließe oder in der anonym gewordenen Großstadtumwelt noch funktionsfähig sein könnte. Die Schwäche solcher Helden wird lediglich mit der Einführung Wadzeks Alter Ego Schneemann ausdrücklich:

„Schneemann war ein *fauler* Mann [...]. Wie alle Männer seiner Art hatte er eine kluge leidende Frau, mehrere Kinder [...]. *Schneemann litt an Ideen.*"[38]

Die Bedeutung Schneemanns als Held wird durch die Faulheit und seinen leidenden Zustand in den Hintergrund gerückt. Daher schreibt Dollenmayer:

„The criticism of heroism is anticipated at the beginning of the novel by a kind of cautionary tale contained in the biography of Schneemann. The narrator makes clear at the first introduction of Schneemann that he is important as a type."[39]

Trotz dieser Kritik des Heldentums im Roman bleibt es eines der organisierenden Elemente des Kampfes, weil die Hauptfigur sich mit der gesellschaftlichen Ordnung auseinandersetzt und eine zukunftsgerichtete Welt entwirft, in der der Technik ein neuer Sinn zugeschoben wird. Die folgende Aussage Otto Kellers könnte auch aufschlußreich für das Heldentumprinzip sein:

---

[37] Ebd., S. 322.
[38] Ebd., S. 12, Hervorhebung von mir.
[39] Dollenmayer, David: a.a.O., 1988, S. 36.

„His heroic posture is... a constant contrast with the actual state of affairs, so that a satirical disjunction arises between pretention and reality."[40]

Wie man hier feststellen kann, liegt Wadzeks Heldentum in seiner Auseinandersetzung mit seinem durch die bürgerlich-kapitalistische Gesellschaft festgelegtem Schicksal und mit der Technik begründet, wobei er sich selbst als Individuum behaupten will, das sich aber über seine Privatinteressen hinwegzusetzen weiß. Von daher wird ersichtlich, daß Wadzeks Selbstbehauptung und seine Sehnsucht nach dem Heldentum neben der ökonomischen Zwangsintegration als Motivationen für den wirtschaftlichen Konkurrenzkampf gelten könnten. Da die den Konkurrenzkampf legitimierenden Motivationen schon beleuchtet sind, wäre es interessant dessen Auswirkungen auf die Verhaltensweisen einiger Hauptfiguren zu untersuchen.

1.2 Analyse der Auswirkungen des Konkurrenzkampfes

1.2.1 Zerfall des Patriarchalismus und Autonomiesuche als soziale Auswirkungen des Konkurrenzkampfes

1.2.1.1 Rommel und Wadzek: Vertreter des Patriarchalismus?

Döblins *Wadzek* ist der Ausdruck des wirtschaftlichen Konkurrenzkampfes, in dem es auch um den Kampf um Autorität geht. Dabei wollen die dominierenden Figuren Wadzek und Rommel jeweils die „Vaterrolle" innerhalb ihres bürgerlich-kapitalistischen Gesellschaftsraumes spielen. Insofern streben sie die patriarchalische Ordnung an. Unter „patriarchalistischer Ordnung" versteht man hier die implizite oder explizite Annahme des Patriarchats, d. h. der „Würde und des Amtsbereich eines Patriarchen", aber auch die Gesellschaftsordnung, in der der Mann eine bevorzugte Stellung innehat .Hier ist in der sozialen Stellung die männliche Linie ausschlaggebend .[41]

Hier steht der „Pater" bzw. der Vater im Mittelpunkt der Familie bzw. der sozialen Gruppe. Und auf ihn sind alle anderen Mitglieder angewiesen. Ausgegangen wird hier von der Hypothese, daß sowohl die Familie als auch die bürgerlich-kapitalistische Gesellschaft als Anwendungsräume des Patriarchalismus gelten. Am Beispiel der Entwicklung der Beziehung der Familienmitglieder von Wadzek zueinander und der Beziehung zwischen

---

[40] Otto Keller zitiert nach Dollenmayer, ebd., S. 35 f.
[41] Duden Deutsches Universalwörterbuch, 2. Auflage Hrsg. vom wissenschaftlichen Rat u. a. Mannheim, Wien, Zürich, S. 1127. Unter „Patriarchat" und „Patriarch".

Wadzek und Rommel soll gezeigt werden, inwiefern dieser Patriarchalismus jeweils im Familien- und Gesellschaftskreis vertreten wird, bevor er allmählich verschwindet.

Unter den etwa sechzehn Figuren des Romans tritt der Großindustrielle Rommel als Symbolfigur der patriarchalischen Ordnung auf. Dies bedeutet, er versucht, gegenüber anderen Gesellschaftsmitgliedern seinen Willen durchzusetzen. Dies tut er, indem er Wadzeks Fabrik zwangsweise in sein Trustsystem integriert. Damit unterordnet er ganz bewußt Wadzek und erfindet ein neues Schicksal für seinen Gegner .Wadzek und sein Freund Schneemann sind dessen bewußt und entwickelt ein grausames Bild von Rommel, das aus ihrer schwachen sozialen Stellung hervorgeht. Nach dem Scheitern der Verhandlungsinitiative ,die von Wadzek initiiert wird, erklärt Schneemann:

„Er [Rommel] hat wie ein Moloch dagesessen und wollte Sie [Wadzek] verschlingen."[42]

Verglichen wird Rommel mit einem „Moloch", d. h. mit einer grausamen Macht, die immer neue Opfer fordert und alles zu verschlingen droht. Daraus ergibt sich ein grausames Bild des Trustbesitzers. Auch anläßlich der Besichtigung seiner Fabrik ruft sich Wadzek ein ähnliches Bild in Erinnerung:

„Weißmann, Sie wissen nicht, was mir dieser Rommel heute angetan hat [...]. Wadzek weinte: ‚Ein Moloch, ein Drache, ein Ungetüm'".[43]

Auch hier wird Rommel mit erschreckenden Mächten also „ein(em) Drachen" oder „ein(em) Ungetüm" verglichen. Bekanntlich ist ein Drache ein feuerspeiendes oder ein schlangenartiges Fabeltier. Und ein Ungetüm ist ein sehr großes und furchterregendes Tier oder Monstrum. Abermals wird Rommel zum Symbol der Grausamkeit gemacht. Ein anderes Beispiel dieser Grausamkeit ist, wenn Rommel seine Mätresse Gaby ständig unter Druck setzt. In seinen Beziehungen zu ihr wird er zu einer autoritären und monströsen Figur. Die folgende Passage illustriert dies am deutlichsten :

„Dieser Mann, der aus sachlichen großen Augen blickte, saß neben Gaby bereit, Widerstände zu unterdrücken und zu strafen. Gaby beobachtete ihn, schräg an die Kupeecke gelegt. Sie kannte dieses *gerechtigkeitsheischende Ungetüm*; W*e*nn er von Selbstgefühl strotzend durch die Fabrikstraßen sich trug, an einem Dampfhammer herantrat, eine Arbeitsgruppe aneinandertrieb. Ihre früheren zigeunerhaften Freunde hatten Furcht vor gefühllosen

---

[42] „Wadzek", S. 26.
[43] Ebd., S. 28.

Erscheinungen, wie Rommel. In der ersten Zeit ihres Zusammenlebens mit Rommel suchte sie, um sich zu delektieren, ihn mit den Augen ihrer ehemaligen Kumpane zu sehen. Aber sie lernte die Beobachtung mitzuteilen [...]. Rommel sprach nie über Geschäftliches ließ sie ungern in die Fabrikräume [...] sanft, zärtlich, *ungeduldig trieb er sie,* sie merkte zu ihrem Erstaunen, daß *sie ihm zu Last wurde.* Rommel ließ sie in die Fabrikräume herumspielen; und sobald es ihm zuviel wurde, sie mit Härte heranzuführen und sie *gehorchte mit einem Gefühl das ihr seit endlos langen Jahren unbekannt geworden war.*"[44]

Diese Passage verdeutlicht, daß Rommels Monstruosität gegenüber Gaby enthüllt wird. Dies drückt sich in Form von Diskriminierung aus und vor allem, wenn er Gaby von der Sphäre der Geschäfte ausschließt, die er übrigens als eine männliche Sache betrachtet. Daß Gaby sich einfach dem Willen Rommels zu beugen hat, ist an ihrem bedingungslosen Gehorsam ihm gegenüber zu erkennen. Auch Arbeitsgruppen und Zigeunerinnen müssen ebenfalls seinem Willen gehorchen. Wenn Rommel die Oberhand im technischen und im wirtschaftlichen Bereich zu behalten vermag, so entspricht dies ja schon seinem Durchsetzungswillen. Aus den angeführten Situationen, in denen Rommel andere Mitglieder seiner Gesellschaft unterordnen will, ist zu schließen, daß er doch wohl die patriarchalische Ordnung vertritt. Hinsichtlich der Entfaltung von Wadzek ist jedoch zu fragen, ob er sich mit den patriachalischen Strukturen auseinandersetzen kann.

Die Entwicklung von Wadzek läßt ein Doppelgesicht erkennen. Denn er gilt als Ideologe der Technik. Dabei unterscheidet man zwei Momente in seiner Konzeption der Technik. Das erste Moment charakterisiert sich dadurch, daß er mit Enthusiasmus das Monopol im technischen Bereich anstrebt. Aufgrund dessen vertritt er ebenso wie sein Gegner Rommel die oben genannte patriarchalische Ordnung. Dieser Phase entspricht noch die der Selbstbehauptung und des Heldentums. Dennoch erreicht er sein Ziel nicht, weil es ihm nicht gelingt, im Bereich der Technik die Oberhand zu bekommen, wodurch er einen Sieg im Bereich der Technik und der Wirtschaft hätte sichern und auch somit die Vaterrolle spielen können. Den Verlust dieser Rolle sowohl im technisch-wirtschaftlichen als auch im gesellschaftlichen Bereich wird er zu kompensieren versuchen.

Manifest werden Wadzeks patriarchalische Gedanken innerhalb des Familienkreises. Das drückt sich in Form der Unterschätzung von Frauen aus. Schon in einem Gespräch mit Gaby stellt er fest:

---

[44] Ebd., S. 250. Hervorhebung von mir.

„Es ist das Denkvermögen der Frau, das undifferenzierte Denkvermögen, mit dem ich zu kämpfen habe. *Geschäftsbetrieb ist eines, Familienbetrieb das andere.*"[45]

Das Interesse ist hier wie bei Rommel der Ausschluß von Frauen aus dem Geschäftsbereich, der symptomatisch für die patriarchalische Ordnung ist, weil allein der Mann entscheiden kann. Daß solch eine Annahme undifferenziert ist, wird aus dem Gebrauch des bestimmten Artikels vor dem Nomen „Frau" („der Frau") ersichtlich. Als weiteres Charakteristikum der patriarchalischen Ordnung tritt hier die Borniertheit, die in vorurteilhaften Annahmen ausdrücklich sind, deutlich hervor aus. Im Lichte dieses Ausschlusses von Frauen aus dem Geschäftsbereich wird klar, daß der die Vaterrolle spielende Mann nur einseitig entscheiden kann, wobei die Frau zu gehorchen hat. Ein Beispiel dafür ist Wadzeks einseitige Entscheidung, seine Tochter als „Unterpfand" Rommel zu entsenden. Ziel dieser Entscheidung ist es, seine wirtschaftlichen Interessen zu schützen. Dabei will er mit seiner Frau Pauline über eigene Vorsätze nicht gemeinsam nachdenken. Denn als Pater Familias will er die Rolle des Entscheiders spielen, ohne jedoch irgendwem Rechnung zu tragen.

„Wir [die Männer] sind Könige, gleichsam Könige, wenn wir arbeiten. Alles andere unterwirft sich, muß dienen Familie, Haus, Tochter, ob gern oder ungern, ist gleichgültig. Wir haben jetzt andere Waffen als zu früheren Zeiten."[46]

Die Waffen, von denen hier die Rede ist, sind materieller Natur. Und deren Monopol haben die Männer. Ihre Erlangung geschieht durch die Verdinglichung und Instrumentalisierung anderer Menschen innerhalb der bürgerlich-kapitalistischen Gesellschaft und deren Teil der bürgerlichen Familie. Aufgrund dessen erweist sich die Diktatur der Männer als einziges Verwaltungsmodell etwa im Familienkreis der Heldenfigur Wadzek:

„Ich entschließe mich in diesem Augenblick dazu. Ernsthaft, ernsthaft. Ich laß mir von meiner Frau nicht dreinreden. Der patriarchalische Gesichtspunkt ist der richtige. Das Kind wird in den Wagen gesetzt und geht hin."[47]

Solch eine einseitige Entscheidung verlangt von seiner Frau nur eine Reaktion der bedingungslosen Gehorsamkeit:

---

[45] Ebd., S. 12, Hervorhebung von mir.
[46] Ebd., S. 14.
[47] Ebd., S. 15.

> „Nachdem Wadzek seiner Frau erklärt hatte, daß er wieder Fühlung mit der Firma Jakob Rommel gewonnen habe, Fühlung im Sinne, und daß Herta gewissermaßen ein Unterpfand ihrer guten Beziehungen bilden sollte, gab Frau Pauline nach."[48]

Hinter dieser passiven Reaktion von Pauline auf die Entsendung ihrer Tochter zum Schutz von ökonomischen Zwecken steht ein Bild von der Frau, nach welchem diese nicht imstande ist, Position zu beziehen. Solch ein Frauenbild impliziert, daß die Frau nur eine Nebenrolle in der Familie spielt und verdinglicht wird. in einem Gespräch mit Schneemann macht Wadzek dies klar:

> „An keinen Menschen glauben Sie - Hören Sie? Nicht an Weib und Kinder und selbst, wenn es die eigenen sind [...]. Schaffen Sie Nebenweiber an, Dutzende, führen Sie ein Leben, wie ein König in Saus und Braus, und hören Sie nicht darauf, was Ihr Weib flucht. Peitschen Sie sie, zermahlen Sie sie [...]."[49]

Es ist also festzustellen, daß Wadzek die patriarchalische Ordnung innerhalb seines Familienkreises vertritt. Damit erreicht er das, was er im wirtschaftlichen und technischen Bereich nicht hat verwirklichen können. Er und sein Gegner streben also der patriarchalischen Ordnung zu, aber jeweils im familiären und im sozialen Bereich. Dies ist um so verständlicher, als die Entwicklung innerhalb der bürgerlichen Kleinfamilie wie der Familie von Wadzek die der ganzen bürgerlich-kapitalistischen Gesellschaft des Romans exemplarisch reflektiert. Diese patriarchalische Ordnung hängt aber mit dem Bestehen und der Aufrechterhaltung der jeweiligen ökonomischen Interessen zusammen. Verschwinden also jene Interessen, so existiert eine derartige Ordnung nicht mehr. Es läßt sich in dieser Hinsicht fragen, ob die unter der patriarchalischen Ordnung stehenden Figuren wie etwa Wadzek selbst und dessen Familienmitglieder nicht diese Ordnung bekämpfen werden.

Nach dem Zusammenbruch seiner Fabrik entgeht Wadzek der von Rommel durchgesetzten patriarchalischen Ordnung. Dabei versucht er seine Niederlage in einen Sieg umzuwandeln. Auch hier kritisiert er jene bürgerlich-kapitalistische Ordnung, in der technische Erfindungen unkontrolliert und uneingeschränkt sind. Sein Plädoyer für eine neue Konzeption der Technik zielt auf die Humanisierung derselben ab. Mit anderen Worten soll die Technik im Zusammenhang mit dem gesamten gesellschaftlichen System gesehen werden. Die Beziehung des Menschen zu ihr wird hier in den Vordergrund gestellt. Dabei

---

[48] Ebd.
[49] Ebd.

soll gefragt werden, ob sie dem Menschen positiv dient oder ob sie ihm dagegen im Wege steht. Diese kritische Stellungnahme Wadzeks zur Technik fällt hier mit der Ablösung seiner Vergangenheit und mit der Ausarbeitung einer neuen Vorstellung des Lebens zusammen. Wenn man aber die Annahme der patriarchalischen Ordnung jeweils im Familien- und Gesellschaftsbereich betrachtet, so wird man feststellen, daß bis zum Zusammenbruch der Fabrik von Wadzek eine bestimmte Harmonie zwischen den Figuren, die diese Ordnung festsetzen, und denen, die darunter leiden müssen, besteht. Aber mit dem Zusammenbruch von der Fabrik Wadzeks wird sich diese Situation ändern. Dies läßt sich dadurch erklären, daß sowohl die Autorität von Rommel als auch die von Wadzek von ihrer jeweiligen finanziellen Macht abhängen.

1.2.1.2 Zum Zerfall des Patriarchalismus und die Autonomiesuche

In der hochindustrialisierten Gesellschaft von *Wadzek* legitimiert also das Eigentum die Autorität des Einzelnen. Schon im gesellschaftlichen Bereich wird deutlich, daß die Bedeutung von Rommel mit seinem Trustsystem zusammenhängt. Ferner gilt Wadzek im Familienkreis als der Vater und auch als der Leiter der Fabrik. Aus dieser Fabrik werden Einkommen seiner Familie entnommen. Diese Einkommen liegen der Sicherung seiner Existenz und der anderer Familienmitglieder zugrunde. Hier funktioniert dieselbe Familie als eine „wirtschaftliche Einheit"[50], in der Wadzek eine führende Rolle zukommt. Solange die Fabrik blüht, herrscht Ruhe in der Familie. Funktioniert sie aber nicht, so kommt es zur Instabilität in der Familienstruktur. Die Folge davon ist die Emanzipation eines Familienmitgliedes oder mehrerer Familienmitglieder.

Einen verderblichen Einfluß hat der Zusammenbruch der Fabrik von Wadzek auf die hierarchische Struktur seiner Familie. Diesem Zusammenbruch entsprechen die finanzielle Entmachtung und der Autoritätsverlust. Es ist nicht verwunderlich, daß sich Wadzeks Frau in diesem Zusammenhang mit der patriarchalischen Ordnung auseinandersetzt. Der Erzähler gibt zu erkennen:

„Sie [Frau Wadzek] war entschlossen ihren Gatten zu revolutionieren [...] ‚eine Frau hatte das Recht' sie wußte nicht genau welches [...]."[51]

---

[50] Hockheimer, Max: Autorität und Familie in der Gegenwart, in: Kritische Theorie der Gesellschaft, Band III, Frankfurt/Main 1968. S. 320 - 338, hier S. 324.

[51] Ebd., S. 138.

Diese Revolution ist nichts anderes als ein Rollenwechsel, der sie zur Chefin der Familie macht:

„Die Frau [Pauline] thronte heroisch auf ihrer Beute."[52]

Weiter heißt es:

„An diesem festlichen Abend, der die Frau wahrhaft inmitten des Familienkreises thronen sah, und an den anderen Tagen Wadzeks Verfassung gleicht [...] Wadzek, der niemals mit seiner Frau geschäftliches oder technisches besprochen hatte, erklärte sich, in Stunden langer Rede. Suchte sie am Vormittag in der Küche auf, wartete geduldig bis sie fertig war mit den Kartoffelschälen."[53]

An diesem Beispiel wird der Übergang von einer patriarchalischen zu einer partnerschaftlichen und gleichrangigen Ordnung innerhalb der Familie deutlich. Dies läßt sich mit der neuen Rolle von Pauline erklären. Dabei werden ihr neue Rechte und Freiheiten zuerkannt:

„Die unerwartete Rolle, die sie in ihrer Familie spielte, nachdem ihr Mann ‚endlich zur Vernunft gekommen war' schwellte sie ungeheuer auf. Sie fand sich, darein, Mittelpunkt der Familie zu sein, größere Rechte und Freiheiten zu besitzen, da sie Wadzek nicht zu fragen brauchte [...]."[54]

Mit dem Rollenwechsel in der Familie ist Wadzek nicht mehr der Pater Familias, von dem alles ausgeht. Daraus ist zu schließen, daß die patriarchalische Ordnung zerstört wird. Es geht um einen Zerfall des Patriarchalismus, der seinen symbolischen Ausdruck in der Begrabungsszene findet, wobei Wadzek von seiner Frau und deren Komplizinnen Litgau und Koschanski begraben wird. Dabei taucht die Farbensymbolik als Zeichen der Trauer auf. Exemplarisch dafür ist hier das Tragen schwarzer Kleider. Noch auffälliger ist dieser Zerfall in der Desintegration der patriarchalischen Familienstruktur. Die Einheit dieser Familie zerfällt ebenfalls. Dies wird deutlich, wenn Wadzek nach Amerika, Herta nach Dresden fahren, während Pauline einsam in Berlin bleibt.

Mit Blick auf biographische Komponenten, könnte dieses Auseinanderfallen der Familie von Wadzek als Zerbrechen der elterlichen Ehe gedeutet werden. Denn genauso wie Wadzek mußte Döblins Vater nach Amerika fliehen. Zudem wurde Döblins Vater wie

---

[52] Ebd., S. 228.
[53] Ebd., S. 232.
[54] Ebd., S. 271.

die Hauptfigur zum Opfer seiner kleinbürgerlichen Herkunft, der Umsiedlung und der Desertion.[55] Für den Kleinbürger Döblin, der das Schicksal der entwurzelten Familie[56] erlebt hat, mag der in seinem Roman dargestellte Zerfall Symbol der Deklassierung und der Existenzangst sein.

Wenn er also einen Außenseiter zur Hauptfigur wählt, deren negative Erfahrung er darzustellen versucht, so behandelt er „die Krise in seinem Leben, aus der ein Gefühl des neuen Daseins und der Freiheit sich entwickelt."[57] Hervorgewachsen ist diese Krise auch aus den negativen Erfahrungen seines Vaters, der unter dem Rigorismus des Monotheismus des alten Testaments, d. h. unter monotheistischer Ethik von Auserwähltheit, Gehorsam, Gesetzlichkeit und Knechtschaft des Sohnes[58] aufgewachsen war. Auf dieser Basis konnte Döblins Vater ihm einseitig und entgegen seinen Neigungen eine Frau aufzwingen.

Kritisiert Döblin den bürgerlichen Sittenkodex, so kritisiert er zugleich die Struktur und das Funktionieren der bürgerlichen Familie. Insofern ist sein Roman ein Kampf gegen die Versklavung der Frau und die bourgeoisen Ehevorstellungen. Seine Forderung nach der Gleichstellung von Mann und Frau, was Rechte und Pflichten anbelangt, veranschaulicht er mit der Emanzipation von Frau Wadzek, die zum Rollenwechsel und zur Partnerschaft mit ihrem Mann führt. Indem diese Frau zur Führerin der Familie gemacht wird, demonstriert Döblin, daß auch die Frauen zur Führungsfunktion fähig sind. Ohne dem Feminismus zu verfallen, steht er im Geiste der Aufklärung und ihrer Ideale, die er mit vielen seiner Zeitgenossen teilte, und die wiederum von sozialistischen Kreisen weiter perpetuiert werden. Die folgenden Aussagen von August Bebel könnten deshalb Döblins Kritik an jeder Unterschätzung der Frau reflektieren:

> „Obgleich nun die gekennzeichneten Entwicklungen in der Stellung mit Händen zu greifen ist, die jeder sehen muß, der offene Augen hat, hört man täglich noch das Geschwätz vom ‚Naturgesetz' der Frau, der sie auf die Häuslichkeit und die Familie hinweise. Diese Redensart wird dort am lautesten gehört, wo die Frauen den Versuch machen, in den Kreis der sogenannten höheren Berufsarten einzudringen in die höheren Lehr- und Verwaltungsfächer [...]. Ihr Hauptprinzip ist, die Frau sei an geistiger Befähigung dem

---

[55] Vgl. hierzu Schöter, Klaus (Hrsg.): Döblin, Hamburg 1978, S. 19.
[56] Ebd., S. 24.
[57] Ebd., S. 26.
[58] Ebd., S. 10.

Mann inferior, es sei Unsinn zu glauben, daß sie auf geistigem Gebiet etwas bemerkenswertes leiste."[59]

Bebel hebt hier die Diskrepanz zwischen der institutionalisierten Gleichberechtigung von Frau und Mann und der bestehenden Benachteiligung der Frau im Alltagsleben hervor, die Döblin in seinem Roman ästhetisch zu verarbeiten versucht. Problematisch ist dabei die Autonomie der Frau, die ja nur eine scheinbare ist. Daraus ergibt sich, daß die bürgerliche Familie selbst einen tiefen und schwer zu überwindenden Widerspruch in sich trägt.[60] Dieser Familie fehlt die Befolgung der Prinzipien von Gleichheit, Brüderlichkeit und Freiheit, die vom Bürgertum entwickelt wurden oder die noch in der bürgerlich-kapitalistischen Gesellschaft aktuell sind. Aufgrund dessen soll sich das Einzelne von dieser veralteten Struktur ablösen, deren Praktiken insofern irrational sind, als sie nicht den von ihr postulierten Idealen entspricht. Solch ein Widerspruch führt aber nicht nur zur Veränderung der Familien- oder Gesellschaftsstrukturen. So wird der Zerfall der patriarchalischen Familienstruktur zur deutlichen sozialen Wirkung des wirtschaftlichen Konkurrenzkampfes. Die Frage ist, ob diese Wirkung die einzige ist.

---

[59] Bebel zitiert nach Ingeborg Weber; Kellermann in: Die Deutsche Familie. Versuch einer Sozialgeschichte, 1. Auflage, Frankfurt/Main, S. 161.
[60] Horkheimer, Max: a.a.O., S. 320.

1.3 Zur Verzerrung der Persönlichkeitsstruktur: Abnorme Verhaltensweisen als Auswirkungen der wirtschaftlichen Konkurrenz

Neben dem Zerfall des Patriarchalismus und der damit verbundenen Autonomiesuche lassen sich „abnorme Verhaltensweisen"[61] feststellen, die in psychopathologischer Terminologie als „Psychosen"[62] bezeichnet werden. Gemeint ist hier, daß die Entwicklung des wirtschaftlichen Konkurrenzkampfes einen großen Einfluß auf einige Hauptfiguren ausübt. Ausgegangen wird von der Hypothese, daß die betroffenen Figuren Träger pathologischer Züge sind, die also psychotische Symptome bzw. Syndrome zeigen können. Damit werden diese letzteren zu „Psychopathen".

Der Roman *Wadzek* handelt von der Geschichte des Kleinindustriellen Wadzek. Er wird im Machtkampf funktionslos. Im Moment seiner wirtschaftlichen Niederlage hat er keine Chance der Selbstverwirklichung in seiner bürgerlich-kapitalsitschen Gesellschaftsstruktur, weil er den wirtschaftlichen Konkurrenzkampf verliert, der ihn hatte ehren können. Diesem Verlust entspricht eine tiefe seelische Störung.[63] Es besteht also kein richtiges Zusammenpassen zwischen der Hauptfigur und seiner kapitalistischen Umwelt. Damit existiert kein Zusammenhang zwischen ihm und seiner „schlechten Umwelt". Dies kann intorpretiert werden als ein hysterischer Ausdruck, den man in mehreren Stationen des Lebens von Wadzek wahrnehmen läßt.

Schon beim ersten Auftritt von Wadzek lassen seine Reaktionen ein wirkliches Krankenbild erkennen. Sowohl seine unkontrollierten Bewegungen als auch sein Äußeres ähneln denjenigen eines Hysterikers:

> „Wadzek schlenderte im Zimmer herum. Er wippte, schnellte um alle freistehenden Möbel, dämpfte sein Organ, krähte. Er hatte ein kindliches langes Gesicht mit struppigem rotblondem Bart bis zu den Ellenbogen in den Hosen, um jede Feierlichkeit zu vertreiben. Er schien sich nur im Schutze sei-

---

[61] Psychosen werden sehr oft als abnorme Verhaltensweisen bezeichnet. Sie umfassen psychologische Krankheiten wie die Schizophrenie, die Neurose, die Regression und die Hysterie. Vgl. hierzu Lexikon der Psychologie hrsg. von Wilhelm Arnold u. a. Neuausgabe Bd. II und III, Freiburg, Basel, Wien 1980, unter „Psychosen", „Neurosen" und „Regression".

[62] Vgl. hierzu Balint, Michael: Regression. Therapeutische Aspekte und Theorie der Grundstörung, übersetzt von Käte Hügel aus dem Englischen, Stuttgart 1970, S. 65.

[63] Man denke vor allem hier an abnorme Verhaltensweisen.

nes Gegenstandes wohl zu fühlen[...] War er aus dem Kontakt getreten, schlüpfte er mit verschwiegener Bewegungen [...]."[64]

Portaitiert wird hier ein gestörter Mensch. Er kann seine eigenen Bewegungen nicht mehr kontrollieren. Außerdem verfällt er der Nervosität:

„Ich bin nervös. Das geht niemanden. Eine Vase kann mich nervös machen."[65]

Es fehlt ihm hier an Konzentration und an Ruhe. Dies erfährt der Leser, wenn Wadzek zehnmal in den Maschinenraum hin- und hergeht, oder auch, wenn er in der Stadt spazierengeht. Dabei ist er stets zwischen verschiedenen Handlungen gespalten:

„Er trappelte, während er sich mit Taschentuch, mit Jackenzipfel die Finger trocknete, durch die Straßen [...] vorstieg in ein Auto [...] An der Ackerstraßen ließ er halten. Er konnte nicht sitzen. Er mußte laufen."[66]

Diesem Mangel an Konzentration liegt ein Zustand der Bewußtlosigkeit zugrunde:

„[Er] dachte nicht an Vater und Mutter. Man hätte ihn foltern können, er hätte in manchen Augenblicken nicht gewußt, daß er eine Fabrik besaß, daß er mittags zu Hause gewesen war. Wenn er auf seine schwarzen Finger sah, so schien es ihm, als er darauf vor längerer Zeit Tinte gegossen, aber zwischen damals und jetzt war eine Wand, eine Mauer. Er hatte in seinem Körper ganz neue Gefühle, eine Lebendigkeit war in allen seinen Gliedern und Organen, die ihm fremd vorkam, die sonderbar gefärbt war."[67]

Er führt zur Selbstentfremdung der Titelfigur Wadzek und weist auf die Spaltung seines Ichs hin. Sie wird durch das Interesse von Wadzek für mehrere Sachen manifest:

„[Er war neugierig] für allerlei wie ein Kind; sein Interesse galt allen Dingen, dem Klatschen einer Peitsche, dem Öffnen der Fabriktore, den Bananen vor dem Portal."[68]

Es handelt sich hier um einen leidenden Zustand[69], in dem Wadzek sich selbst als einen Kranken identifiziert. Seine Leiden durchziehen den ganzen Roman und drücken

---

[64] „Wadzek", S. 7.
[65] Ebd.
[66] Ebd., S. 60.
[67] Ebd., S. 60 f.
[68] Ebd., S. 60.
[69] Ebd., S. 61.

sich vor allem durch Wahrnehmungsstörungen und Halluzinationen aus, denen die Hauptfigur ausgesetzt ist. Nach dem Angriff auf den Botenjungen befürchtet Wadzek eine polizeiliche Gegenmaßnahme. Er wird dann zum Opfer von Halluzinationen:

„[...] Während er [Wadzek] so stand und Brief um Brief umklappte, geschah es, daß er erstarrte, daß er plötzlich, *wie aus einem Hinterhalt, durch ein Fernrohr auf seine Frau, auf Herta, seinen Prokuristen blickte, die alle da waren, sich bewegten, um Stühle und Tische gingen, durchaus deutlich sprachen, bald der, bald jener, ohne, daß man wußte, was.*"[70]

Auch im Patentamt ist Wadzek voller Unsicherheit. Zudem wird er zum Opfer von Halluzinationen und von Wahrnehmungsstörungen:

„Es rauschte um Wadzek, [...] *Er hätte das peinliche Gefühl, daß die Menschen und Möbel sehr weit von ihm entfernt waren, jedes Verborgenes zu tun hätte.*"[71]

Weiter heißt es:

„Wadzek hatte, *trotzdem es schon bald sieben war und die Laternen angezündet werden mußten ein überscharfes Bild von Menschen, Häusern, Wagen, Gegenständen.* Die fahrende Hochbahn sah er mit präziser Schärfe, als hätte er ein Glas vor den Augen. *Die Geräusche der Menschen, das Ratten des Wagens, Tuten und Glucken der Autos unterschied er mit fabelhafter Genauigkeit.* Seine Sinnenahmen, das Gewühl der Brücke auch mit Exaktheit und Sicherheit eines physikalischen Instruments."[72]

Am Beispiel der eben zitierten Textsituationen ist festzuhalten, daß die Hauptfigur unechten Wahrnehmungen optischer und auditiver Art ausgesetzt ist. Diese erscheinen entweder in Form von wahrnehmbaren Stimmen, die die Titelfigur anklagen und bedrohen ,oder in Form von unechten Objektivationen des Geschehens, und das alles nimmt er wahr. Er ist jedoch nicht in der Lage, die Sachen und die Personen optisch und ganz genau voneinander zu unterscheiden. Ferner ist ihm unmöglich, die wahrgenommenen Stimmen, die sie anklagen und bedrohen oder in Form von unechten Objektivationen des Geschehens, und das alles erlebt er; er ist jedoch nicht in der Lage, optisch die Sachen und die Personen ganz genau voneinander zu unterscheiden. Ferner ist ihm unmöglich, die wahrgenommenen Stimmen oder Geräusche mit Dingen oder Lebewesen der Realität zu assoziieren. So treten an die Stelle der normalen Wahrnehmung hier noch Halluzina-

---

[70] Ebd., S. 62. Hervorhebung von mir.
[71] Ebd., S. 24. Hervorhebung von mir.
[72] Ebd., S. 66. Hervorhebung von mir.

tionen. Sie deuten darauf hin, daß Wadzek einer tiefen Depression und Psychose verfallen ist.

Immer pathetischer wird die Lage von Wadzek, wenn bei ihm motorische Störungen wieder auftauchen. Dies ist manifest, wenn er an die Anleihestelle des Parlaments stürzt und nicht mehr sich bewegen kann. Er selbst sieht sich einem „aufflutenden Wahnsinnanfall"[73] ausgesetzt und betrachtet sich als „ausgestoßener [und] Verbrecher"[74]. Desweiteren läßt er sich als „Verrückten"[75] bezeichnen. In dieser Hinsicht wird er zu einem Psychotiker, der von einem phobischen Zwang heimgesucht wird. Am sichtbarsten tritt dies während seiner Reinickendorfer Verbarrikadierung ein, denn:

> „Er [Wadzek] stand unter dem Gefühl verpflichtet zu sein, gezwungen und geknechtet zu sein [...] Die Klingel, die Bäume, der Zaun, die Blätter, alles sein Feind."[76]

Aus dieser Passage geht deutlich hervor, daß Wadzek ein Gefühl der Feindschaft und des Hasses allen Gegenständen seiner Umwelt gegenüber empfindet. Die Gründe dafür liegen in seinen wiederkehrenden fixen Ideen, bzw. Vorurteilen. In seinem psychotischen Zustand glaubt er ständig, daß alle Personen und Gegenstände seiner Umgebung zur Formung seines jetzigen Schicksals beigetragen haben. Aufgrund dieser Vorurteile bzw. Verdächtigungen, kann er allen Personen und Sachen seiner Umgebung undifferenziert aggressive und verfolgerische Absichten zuschreiben. Dies ist der Fall, wenn er seine Frau und seine Tochter anklagt oder wenn er den Botenjungen deshalb mißhandelt, weil er ihn für einen Spion hält. Gleiches gilt für den jungen Phillip, den er totschlägt, weil er ihn als einen Kollaborateur von Rommel ansieht.

Für solch einen Menschen, der alle Personen und Sachen seiner Umgebung haßt und verdächtigt, kann die Selbstverbarrikadierung als letzter Rekurs gelten. Diese Zurückgezogenheit von der Außenwelt[77] weist darauf hin, daß die Hauptfigur schließlich der schizophrenen Haltung verfallen ist. An Bedeutung gewinnt jedoch hier der Verbarrikadierungsort. Es ist hier die Reinickendorfer Dorfwohnung von Wadzek. Im Hinblick auf diese

---

[73] „Wadzek", S. 63.
[74] Vgl. hierzu „Wadzek", S. 92.
[75] Ebd.
[76] Ebd., S. 93.
[77] Gemeint ist hier die konkrete Umgebung, die aus Objekten und Menschen besteht. Sie steht im Gegensatz zum inneren Leben des Einzelnen.

Ortskonstellation kann der Rückzug von Wadzek auf zweierlei Weisen interpretiert werden. Zunächst könnte dies als Rückzug von der Großstadt- und Industriewelt Berlin verstanden werden. Ferner läßt sich das als ein Rückzug aus der Menschenwelt von Reinikkendorf verstehen. Dennoch ließe sich dieser Rückzug in mancher Hinsicht relativieren; denn Wadzek bleibt offensichtlich ein Fenster als Zugang zur Außenwelt:

> „Stündlich zuerst noch öfter, lugte Wadzek vom Dachfenster nach allen Richtungen auf die Straße, den Wald, den Garten. Seine Blicke durchbohrten Bäume, Wagen. Hinter allem konnte etwas stecken."[78]

So wird der Bruch mit der Außenwelt nicht total. Dies bedeutet, ein Teil der Realität, die Wadzek in seinem psychotischen Zustand verdrängt hat, ist ihm immer zugänglich. Auch besteht die Möglichkeit, daß das Verdrängte wiederkehrt. Dafür spricht lediglich seine regressive Haltung aus. Regressiv ist seine Handlung, wenn er stets versucht, sich mit seinem ehemaligen Heldenbild zu identifizieren. Auch die Wahl des hochindustrialisierten Amerikas als sein Hoffnungsland könnte doch wohl bedeuten, daß er zu seinen früheren kapitalistischen Prinzipien regrediert hat. Dies zeigt sich, wenn er auf seine patriarchalischen Gesichtspunkte zurückkehren versucht, auch wenn es klar zu sein scheint, daß er sich davon distanziert. Dies ist an einem Gespräch mit seiner Geliebten, Gaby erkennbar:

> „Liebe will ich nicht; ich verzichte auf Zärtlichkeit. Ich will Gehorsam [...] Tun Sie was Sie wollen. Aber unterwürfig soll man sein. Sich biegen."[79]

Es ist also klar, daß Wadzek nicht nur Opfer eines tiefen Wahnsinnanfalls, sondern auch einer ständigen Regression geworden ist. Daß er zum abnormen Menschen geworden ist, wird aus der Perspektive von Schneemann und von Herta erfahren. Seine Tochter erklärt, er sei wahnsinnig.[80] Damit wird der hysterische Ausbruch von Wadzek auch im Familienkreis wahrgenommen. Auch sein Freund Schneemann, der ihn wohl kennt, stellt in seinem Handeln und Tun psychotische Züge fest:

> „Wir haben schwere Tage miteinander verlebt. Es sind angreifende, schmerzliche Stunden gewesen. *Ich vergesse nicht, daß Sie die häusliche Kummer erlitten haben, Furcht ihrer Frau, Verschwinden Hertas und so weiter. Wenn ich alles berücksichtige, kann ich gegenwärtig, kann ich ihren*

---

[78] „Wadzek", S. 90.
[79] Ebd., S. 334.
[80] Ebd., S. 212.

gegenwärtigen Zustand verstehen [...] Sie sind einfach krank. Ein Kollaps ist das.[81]

In dieser Passage lassen sich alle Psychosen der Titelfigur auf den wirtschaftlichen Konkurrenzkampf und auf seine Verarmung zurückführen. Auf diese Weise wird die Hauptfigur zu einem Menschen, der nicht mehr Herr seines Selbst ist und der sich auch als eine „zwiespältige Existenz" definieren ließe, welche eine tiefe Bewußtseinskrise erlebt. Dazu schreibt Ernst Ribbat:

„Hektik, permanente Erregtheit, unberechenbare Ausbrüche, wiederholende Angstzustände sind Symptome einer beginnenden Neurose."[82]

Auch Huguet schlägt diese Richtung ein, wenn er feststellt:

„Le héros du roman de Döblin est devenu la proie du délire et de la persécution et imagine partout la présence d´énnemis invisibles, voit des adversaires dans ceux-lá ,mêmes qui lui viennent en aide [...] A la suite d´un incident le paranoiaque affamé, ´frustré ´ doit regagner Berlin."[83]

So unterliegt die Hauptfigur Döblins einer tiefen Zwiespältigkeit, die sich durch Psychosen charakterisiert. Sie gehen von der schyzophrenen Haltung über den paranoischen Prozeß mit Verfolgungswahn und mit Größenwahn bis hin zu den Wahrnehmungsstörungen und regressiven Haltungen. Im sozialgeschichtlichen Kontext des Romans könnte diese Zwiespältigkeit der Persönlichkeit der Hauptfigur die der damaligen Schriftsteller reflektieren. Viele Zeitgenossen von Döblin sahen sich auch mit einer vielschichtigen Identitätskrise konfrontieren

Vor allem ließe sich dies im Zusammenhang mit der Identitätskrise der Schriftsteller zwischen den beiden Weltkriegen verstehen. Ausgangspunkt dieser Identitätskrise ist die technische Entwicklung, die von vielen Schriftstellern begrüßt wurde. Der Glaube an ein Zeitalter des Wohlstands sollte Uneinigkeit zwischen Menschen aufheben und somit den Idealen der bürgerlichen Aufklärung entsprechen. Diese Hoffnung wurde mit dem Massensterben im Weltkrieg enttäuscht. Denn die „Menschenunwürdigkeit" des Krieges zeigte ganz deutlich, daß es eine Diskrepanz gibt zwischen dieser neuen negativen Realität der Selbstvernichtung und den oben genannten Idealen der bürgerlichen Aufklärung wie etwa

---

[81] Ebd., S. 212. Hervorhebung von mir.
[82] Ribbat, Ernst, S. 181.
[83] Huguet, Louis, S. 543.

der Suche nach Humanität als Brüderlichkeit, Gleichheit, Freiheit, Gerechtigkeit und Individualität.[84]

Die Schriftsteller, die „den vergangenen progressiven Ideologemen des Bürgertums sich verpflichtet fühlten"[85], erlebten den „Autoritätsverlust bürgerlicher Leitbilder"[86], weil die Werte die sie vertraten, abgegrast waren. Damit gerieten sie in eine Situation der Orientierungsstörung. Die Folgen davon waren die „Organisationsunfähigkeit"[87] und die privaten „Persönlichkeitsstörungen"[88] bei jenen Schriftstellern. Die Schriftsteller der Zwischenkriegszeit haben fast alle eine negative Gemeinsamkeit[89]: den Verlust an strukturierenden Leitbildern, das Aussetzen von Orientierungsmustern und die fehlende Integration in die Gesellschaft.[90] Aufgrund dessen reflektiert die Struktur ihrer Werke ebenso wie ihrer Weltdeutung die Suche nach einer neuen Begründung. Sie wird zunächst in essayistischen Schriften vieler Zeitgenossen wie Broch, Musil oder Döblin theoretisiert und dann mehr oder weniger mittels ihrer Werke in die Praxis umgesetzt. Vor allem, wie wir später sehen werden, sind darum neue Schreibtechniken vonnöten. Diese Legitimation kommt von daher, daß die Verwirklichung der bürgerlich-aufklärerischen Ideale und Werte auf den Entwicklungsgrad der fortgeschrittenen kapitalistischen Gesellschaft von damals stoßen mußte. Fast alle Schriftsteller der Zwischenkriegszeit haben also ein Wertevakuum erlebt, und in ihren Werken reflektiert die Leidenerfahrungen ihrer Figuren sehr oft ihre eigenen Entfremdungserfahrungen. Wenn Döblin beispielsweise die Hauptfigur seines Romans zu einer zwiespältigen Figur macht, so schöpft er bewußt oder unbewußt aus eigenen Erfahrungen und aus den Erfahrungen seiner Zeit. Er selbst hat diese Identitätskrise erlebt. So ist seine anarchische Produktionsfolge, in der er trotz seiner theoretischen Bemühungen nie zu einer konzeptionellen Kontinuität gelangt, sondern vielmehr in jedem seiner Werke etwas völlig Neues anzufangen versuchte,[91] der Reflex dieser Identitätskrise. Das hat Walter Muschg wohl erkannt, wenn er über das Gesamtwerk Döblins analysierend zu verstehen gibt:

---

[84] Vgl. hierzu Berg, Jan u.a.(Hg.): Sozialgeschichte der deutschen Literatur von 1918 bis zur Gegenwart, Frankfurt/Main 1981, S. 262.

[85] Ebd., S. 263.

[86] Ebd.

[87] Ebd.

[88] Ebd.

[89] Ebd.

[90] Ebd.

[91] Ebd., S. 263.

„Es ist das Einzigartige an Döblin, daß er in jedem Werk ein anderes Gesicht zeigt. Bei anderen Erzählern ist man sicher, im Grund immer wieder den gleichen Autor zu finden, und sie werden deshalb geliebt und verwöhnt. Döblin dagegen ist ein Proteus, der sich ständig verändert, weil ihm keine Wahrheit, die er erfindet, auf die Dauer befriedigt."[92]

Diese Identitätskrise gilt als Ausdruck der Disharmonie zwischen dem Ich des Schriftstellers und seiner Umwelt. Am Beispiel der Flucht von Wadzek nach Amerika wird deutlich, daß auch die Hauptfigur Döblins einer Identitätskrise ausgesetzt ist. Dies drückt sich, wie wir im dritten Kapitel dieser Arbeit sehen werden, in der Entfremdung der Hauptfigur aus. Dabei ist sie nicht mehr Herrin ihres Schicksals. Um diese Disharmonie zwischen seiner Hauptfigur und ihrer kapitalistischen Umwelt deutlich zu machen, wählt Döblin die Assoziationskette als ästhetisches Mittel. Die entsprechende Passage lautet:

„Beim Betreten des Zimmers, das einen heimlichen Eindruck machte, stand Wadzek die Telephonzelle vor Augen. Wie er den Hörer abdrückte, das Amt rief, sein Hut herunterfiel (sic). Dann, erst wie ein Wind fächelnd, darauf wie ein Sturm schüttelnd, die Erinnerung an die grausigen Tage in Reinickendorf. Schneemann und Gaby, und der Spiegel und - Wie Licht eines Scheinwerfers über ihn, ließ ihn ein Nachgespenst heraussteigen, verschwand. Atemlos blieb er auf der Schwelle zurück. Er wollte von Gaby nichts wissen. Er wollte - nur den Drang. Weg. Was taten seine Knie? Heiß und blitzschnell überwallte er ihn, hob seine Schultern und schon war er gefangen, ging mit. Seine Arme geben sich gefangen, sein Mund gab sich gefangen. Den Nacken herauf kroch die drängende Wärme, legte sich wie ein Kragen um seinen Hals, schwoll über seine Lippen weh - Jäh! Bewußtlos tat er, was er wollte. Er wußte, es ist die Befreiung, die Rettung und wenn sie Berge zerschmettern, so gäbe es keinen Halt dagegen.

Jetzt nicht!

Jetzt nicht mehr!

Jetzt mußte es ein Ende nehmen!

Jetzt mußte es geschehen!

Alles war vorbei. Unter einer Zerknirschung trat er an den Tisch, setzte sich unsicher, befangen grinsend [...]."[93]

In dieser Passage kommt das Zusammenhangslose vor. Dies erkennt man vor allem daran, daß Wadzek sich auf einmal für viele Sachen und Personen interessiert. Der

---

[92] Walter Muschg in dem Vorwort zu Döblins „Die Ermordung der Butterblume und anderen Erzählungen", Oltenu, Freiburg 1986.
[93] „Wadzek", S.227.

Erzähler weist darauf hin, daß er an alles und an nichts zugleich denkt. Dadurch wird die Zwiespältigkeit der Existenz Wadzeks zum Ausdruck gebracht. Damit verbunden ist die Feststellung, daß die Hauptfigur nicht anpassungsfähig ist und sich außerdem wie ein Außenseiter verhält. Seine psychotischen Symptome muß man daher als Zeichen von Protestformen gegen die Gesellschaftsstrukturen seiner bürgerlich-kapitalistischen Gesellschaftsordnung verstehen. Es empfiehlt sich, die Begriffe „Normalmensch" und „Kranker" zu relativieren, weil beide Ergebnisse ihrer Gesellschaft sind, denn,

„[...] La détermination du normal varie selon les cultures.

Und:

„chacune de ces sociétés, selon ses préoccupations majeures peut accroître ou intensifier même des symptômes hystériques, épileptiques ou paranoiaques et compter en même temps avec de plus en plus de ferveur, au point de vue social sur les individus qui en sont victimes."[94]

Hervorgehoben wird hier die Bedeutung des gesellschaftlichen Einflusses auf das Pathologische. So lassen sich die Psychosen Wadzeks auf seine gesellschaftlichen Lebensbedingungen zurückführen.

---

[94] Benedict, Ruth: Le soi-desant Normal et le Pathologique in: Grawitz, Madeleine (Hrsg.): Méthodologie des Sciences Sociales, Paris 1975, S. 219 - 220. hier S. 219.

2 ZWEITER TEIL - ZUR MULTIDIMENSIONALITÄT DES KAMPFES

2.1 Analyse der ökonomischen und soziopolitischen Dimensionen des Konkurrenzkampfes

2.1.1 Die wirtschaftliche Dimension

Im Mittelpunkt des Wadzek- Romans Wadzek steht der Kampf des Einzelnen gegen das Trustsystem, das Monopolwesen und schließlich gegen die Macht und die Masse. Verwickelt sind Wadzek und Rommel in den wirtschaftlichen Konkurrenzkampf. Sie vertreten jeweils das Klein- und das Großunternehmen. Viele Interpreten - ob es sich um Roland Links, Müller von Salget oder Ernst Ribbat handelt - sind sich darüber einig, daß dem wirtschaftlichen Konkurrenzkampf ein großer Wert beizumessen ist. Am deutlichsten tritt dies im Zusammenhang mit der Genese des Romans hervor.

Döblin hatte die Absicht, „ein umfangreiches mehrbändiges Werk"[95] zu schreiben. Es sollte ursprünglich genau um ein zweibändiges Werk gehen. Das erste Buch sollte *Die Dampfturbine* und das zweite *Der Ölmotor* heißen. Im ersten wollte er zeigen, wie die Turbine die alten Dampfmaschine verdrängt[96], und im zweiten die Niederlage dieser letzteren vor dem nächsthöheren Maschinentyp gestalten.[97] Zu einer Art Donquichotterie zwischen einigen Menschen wurde aber das Werk Döblins, indem der Fabrikant Wadzek mit dem rivalisierenden Unternehmer seiner Branche um das nackte Dasein kämpft.[98] Es geht also um einen Konkurrenzkampf, dessen Anfang ein Liebesmotiv ist.[99] Vor allem versteht sich dies als ein geistiger Kampf. Dabei wollen jeweils Wadzek und Rommel ihre Überlegenheit im Bereich der Technik zeigen, indem sie einen neuen Maschinentyp erzeugen. Dies bedingt also den Verlauf der wirtschaftlichen Konkurrenz. Wer einen neuen Maschinentyp produziert, soll der Stärkere bleiben. Die Börse gilt hier als Barometer dieses

---

[95] Links, Roland: Alfred Döblin, Berlin DDR 1980, München 1981, S. 58.
[96] Vgl. hierzu Roland, Links, ebd.
[97] Ebd.
[98] Ebd.
[99] Vgl. hierzu Teil I, 1.1. der vorliegenden Arbeit.

Kampfes, denn sie stellt klar, wie es beiden kämpfenden Industriellen wirtschaftlich geht. Die folgenden Börsennachrichten machen den Unterschied zwischen den Kräften kenntlich:

> „Mitte Januar notiert die Börse: Lokomobil- und Dampfmaschinenfabrik Heinesdorf (Wadzek) 95 ½ Anfang Mai 74."[100]

In führender Stellung befindet sich Rommel, denn seinem Rivalen Wadzek geht es finanziell schlecht. Dafür spricht vor allem die Unverkäuflichkeit der Maschinen von Wadzek:

> „Ein doppelter Schlag erfolgte gegen Wadzeks Fabrik. Die große Elberfelder Firma, welche in Holland Filialen besaß, in Java, Lateinamerika und Nordafrika elektrische Kraftstationen installierte, teilte Wadzek mit, in einem gewöhnlichen Geschäftsbrief, daß sich seine neue B. T. Maschine, Katalog Nr. 278, zwar im Elberfelder Werk sich vorzüglich bewährt hätte. Aber die Jahresabrechnung hätte ein bemerkenswertes Resultat ergeben. Es sei Herrn Wadzek wohl nicht unbekannt, daß mit Turbinenantrieb auf der Barmener Unterstation eingestellt habe: der entsandte Vertreter R. von Wadzek persönlich davon Kenntnis genommen. Die Unterstation nun habe mit einer ganz auffälligen Gewinndifferenz gegenüber den Stationen alten Systems gearbeitet [...]. Die Chefingenieure seien von der Betriebssicherheit und Leistungsfähigkeit des neuen Turbosystems völlig überrascht; man würde von der Hand jedenfalls keine neue Maschine mit Kolbenstoß einstellen, wofern nicht die weitere Prüfung. Versuchsfeld anders belehre [...]. Sie fragen bei der Gelegenheit, ob die Gerüchte über die Fusionierung seines Betriebes mit den Rommelschen Werken begründet wären und ob sie ihren ernstgemeinten Glückwunsch zu dieser Transaktion aussprechen könnte."[101]

Festzuhalten ist, daß die Preise der Aktien der Fabrik von Wadzek sinken. Daß Rommel seine Hand im Spiel hat, ist an den Fusionierungsnachrichten zu erkennen. Da jede Nachricht Wadzek nur in Form von Gerüchten erreicht, stößt die Wahrhaftigkeit der heimischen Beteiligung der Titelfigur auf die Quellenzuverlässigkeit. Dennoch ließe sich das im Zusammenhang mit der Vorgeschichte der wirtschaftlichen Konkurrenz verstehen.[102] Von der Fusionierung der Fabrik ist die Rede, aber informiert wird er nur in letzter Minute. Synchronisiert werden die Fusionierungsgerüchte mit der Unverkäuflichkeit des Maschinentyps von Wadzek. Dies bedeutet, daß die Maschinen mit dem Turbosystem von Rommel als von ihm erfundene Produkte sich qualitativ durchgesetzt haben. Die Opposition zwischen den Kolbenstoßmaschinen und den Maschinen mit dem Turbosystem erin-

---

[100] „Wadzek", S. 15.
[101] Ebd., S. 35.
[102] Vgl. hierzu Teil I, 1.1. der vorliegenden Arbeit.

nert daran, daß der geistige Kampf hier präsent ist. Dabei repräsentieren Altes und Neues zwei Momente der technisch-geistigen Entwicklung.

Hieraus läßt sich schließen, daß der Erfindungs- und Unternehmungsgeist dazu führen, daß Rommel dominierende Position einnimmt. Aber gegen Wadzek benutzt er die Korruption als Waffe Diese neue Waffe hat die Hauptfigur wahrgenommen und stellt sie in Frage :

„Die Ingenieure, Personal, alles bestochen von Rommel [...]."[103]

Die Überzeugung, daß die Erfindung eines neuen Maschinentyps ihm den Vorteil geben wird, führt Wadzek dazu, sich mit dem Ingenieur Schneemann zu solidarisieren. Roland Links hebt kommentierend diesen Glauben an den Erfindungsgeist hervor:

„Für ihn [Wadzek] hängt alles von einer Erfindung von einer entscheidenden Verbesserung der in seiner Fabrik hergestellten Dampfmaschine ab. Aber sie gelingt nicht, und Wadzeks Kampf artet in eine Auseinandersetzung mit der gesamten Umwelt mit allen Menschen und Dingen aus."[104]

In der Tat ist Wadzek im Rachegeist verfangen. Er betrachtet sich als „Verbrecher":

„Wir werden Verbrecher."[105]

Dieses Selbstbild, das Schneemann kurz nach dem Zusammenbruch der Fabrik Wadzeks skizziert, wird sich im Romangeschehen auf Wadzek anwenden lassen. Als „Verbrecher" greift er das Gesellschaftssystem an. Vor allem die dieses Gesellschaftssystem vertretenden Figuren fallen hier zum Opfer. So tut er dem Botenjungen und dem jungen Phillip bzw. Albert Gewalt an. Desweiteren schießt er auf ein unsichtbares Wesen in der Nacht. Damit hängen seine persönlichen Überzeugungen zusammen, daß diese angegriffenen Menschen mit Rommel kollaboriert hätten. Aufgrund dieser Gewalttaten gerät er in Konflikt mit der Polizei und somit in die Gewaltkur, die von dem bürgerlich-kapitalistischen Gesellschaftssystem organisiert wird. Er wird selber zum Opfer seines Gesellschaftssystems. Auf diese Weise lehnt er sich gegen das Gesellschaftssystem auf. Dabei wird er, wie wir es später sehen werden, sich ändern. Diese Auflehnung versteht sich als Kampf gegen das Korruptionssystem, das nach Wadzek mit Rommel kollaboriert

---

[103] „Wadzek", S. 45.
[104] Roland, Links, S. 58. Hervorhebungen von mir.
[105] „Wadzek", S. 76.

und das hier durch den polizeilichen und juristischen Apparat repräsentiert wird. Wenn man hier Wadzek als Repräsentanten des Kleinunternehmertums und Rommel als den des Großunternehmertums betrachtet, so kann man von diesem Gegensatz ausgehend schließen, daß dieses letztere zusammen mit dem herrschenden Staatsapparat komplottiert, um Wadzek unter Druck zu setzen.

Diese Thematisierung des Antagonismus zwischen dem Klein- und Großunternehmertum könnte im Zusammenhang mit der sozio-ökonomischen Entwicklung der Zwischenkriegszeit in Deutschland näher beleuchtet werden. Gekennzeichnet war sie lediglich durch die Bildung von Trusts und Kartellen, von Aktiengesellschaften und Mammutkonzernen. Dabei schlossen sich jene Betriebe zusammen, die die Märkte beherrschen wollten. Außerdem beabsichtigten sie die Ausschaltung kleinerer Betriebe. Diese letzteren hatten keine andere Wahl, als sich den Mammuttrusts anzuschließen. Döblin macht in seinem Roman diesen Antagonismus kenntlich. Dafür spricht die Wahl der Figuren Wadzek und Rommel. Ihr Kampf illustriert auf individueller Ebene den wirtschaftlichen Konkurrenzkampf der Zwischenkriegszeit. Auch die Wahl Berlins als Spielort des Romangeschehens ebenso wie die Entstehungszeit des Romans[106] könnten dafür sprechen. Die in der kapitalistischen Gesellschaft des Romans herrschende unbegrenzte und freie Konkurrenz im Bereich der Technik und der Wirtschaft entspricht auch der damaligen Wirtschaftspraxis.[107] Auch der Zusammenbruch der Fabrik von Wadzek steht symbolisch für jene Betriebe, die vor und nach dem ersten Weltkrieg wegen schlechter Wirtschaftskonjunktur ein ähnliches Schicksal erleben mußten. Zum Opfer des Großkapitals wird Wadzek genauso wie die vielen bedrohten Existenzen von damals. Viktor Zmegac schreibt dazu:

> „Durch die Herrschaft des Finanzkapitals geraten nicht nur Bauern und Kleinbürger, sondern auch Grundbesitzer und kleine und mittlere Unternehmer in Abhängigkeit, ganze Schichten werden vom Einfluß auf das gesellschaftliche Geschehen ausgeschaltet."[108]

Diese wirtschaftliche Konkurrenz, von der der Roman erzählt, reflektiert also die der Gesellschaft, in der derselbe Roman entstanden ist. Sie gibt ferner Aufschlüsse darüber, wie und warum die Hauptfigur zum Gewaltanhänger wird, der nur noch auf den Druck des

---

[106] Es sei hier daran erinnert, daß der Roman „Wadzek" im Jahr 1914 geschrieben und erst 1918 veröffentlicht wurde.

[107] Vgl. hierzu Blaich, Fritz: Kartell- und Monopolpolitik im kaiserlichen Deutschland, Düsseldorf 1973, S. 398.

[108] Zmegac, Viktor (Hrsg.): Geschichte der deutschen Literatur vom 18. Jahrhundert bis zur Gegenwart, Bd. 2, 2. Auflage, Königstein 1985, S. 398.

Gesellschaftssystems zu reagieren hat. Diese Reaktion ist nichts anderes als eine Auseinandersetzung mit dem Vertreter der bestehenden politischen Organisationsform.

2.1.2 Die soziopolitische Bedeutung des wirtschaftlichen Konkurrenzkampfes

In dem Roman *Wadzek* ist die Verflechtung zwischen dem Trustsystem und dem Staatsapparat augenfällig. Dabei greift der Trustbesitzer Rommel zum Polizei- und Justizapparat, um seine wirtschaftliche Macht zu verstärken. Organisiert wird deshalb die Gewalt durch den Staat und das Trustsystem. Daraus wird ersichtlich, daß Rommel sich die ökonomische Bedeutung seines Trusts zunutze macht. Er versucht Einfluß auf den Staat auszuüben. .auch wenn er die von ihm organisierte Gewalt hingenommen und ihr sich anschließen muß. Die erklärt sich vor allem dadurch, daß die ökonomische Macht in der kapitalistischen Gesellschaft offenbar die politische Entscheidungsmacht bestimmt. Diese Gewalt ist aber nicht nur eine punktuelle, die von Einzelnen wie Wadzek, Schneemann oder Rommel ausgeht, sondern auch eine strukturelle. Ihre Institutionalisierung und Perpetuierung weisen darauf hin, daß der Einzelne sich in permanenter Bedrohung sowohl in seiner materiellen als auch in seiner moralischen Existenz befindet. Ihm geht es dabei um den ständigen Kampf um Selbstverwirklichung, der im Streben nach seinem eigenen Vorteil kulminiert , der aber zum Schaden anderer einzelner führt.[109]

Roland Links legt in seiner Wadzek-Analyse dem politischen Aspekt einen besonderen Wert bei. Er vertritt die Ansicht, daß der Kampf Wadzeks in die Auseinandersetzung mit der gesamten Umwelt, mit Menschen und mit Dingen, ausarte.[110] Ebenso stellt Walter Pallus denselben Aspekt in den Mittelpunkt seiner Analyse:

> „Der Held [Wadzek], der mit allen Erscheinungen seiner Umwelt kollidiert, verkörpert, wenn auch in einer individuellen Prägung - wesentliche Merkmale des entwurzelten, veranschaulicht völlig den desorientierten Kleinbürger, der sich gegen die herrschenden Verhältnisse anarchisch sich zur Wehr zu setzten sucht."[111]

---

[109] Vgl. hierzu Links, Roland, S. 58.
[110] Ebd.
[111] Pallus, Walter: Wadzeks Kampf mit der Dampfturbine, in: Der deutsche Roman bis 1949, 5. Auflage, Berlin, hrsg. von Wolfgang Spiewohr, S. 114 - 115, hier S. 115.

Neben dem Antagonismus zwischen dem Klein- und Großbürgertum besteht der von Individuum und Gesellschaft, der eher eine politische Funktion hat. In diesem Sinne hat die wirtschaftliche Konkurrenz einen politischen Hintergrund: die Suche nach politischer Macht. Wadzek und Rommel repräsentieren auf individueller Ebene verschiedene politische Kräfte im Konkurrenzkampf. Hier wird der einzelne Wadzek nicht mehr funktionsfähig und auch zum Opfer der Gewalt. Die Folge davon ist der Anarchismus, der in dieser Hinsicht als Protest gegen die politisch-ökonomische Entmachtung, Enteignung und Entrechtung des Einzelnen zu verstehen ist. Dies ist eine Reaktion auf die Bedrohung seiner Existenzsicherung, die durch den Zusammenbruch seiner Fabrik und somit seines Erwerbs hervorgerufen wird. Denn das, was die Menschen sind, das machen die wirtschaftlichen Wechselfälle aus ihnen.[112] Diese Bemerkung, die für *Berlin Alexanderplatz* gilt, ist aufschlußreich für den Wadzek-Roman.

Dieser Protest gegen die bestehende politische Ordnung drückt sich vor allem in Wadzeks Angriff auf die Justiz, die liberale Wirtschaftspolitik und die Polizei aus. Als deutliches Zeichen davon gelten die Gewalttaten von Wadzek gegen den juristisch-polizeilichen Apparat:

> „Ich verlange, ich fordere unbeirrt durch ihre Roheiten hier von Ihnen [den Polizisten] eine regelrechte Untersuchung. Wir leben in einem Rechtsstaat. Man muß mich verhören, mir Anklagen vorlesen, die gegen mich erhoben werden."[113]

So spricht Wadzek nach seiner Verhaftung. Die Gründe dafür liegen in dem Schuß auf ein gehendes Wesen in der Nacht und während der Reinickendorfer Verbarrikadierung. Aus diesem Anlaß wird er des Mordes angeklagt, obwohl er keinen erschossen hat. So bildet auch der Mordversuch schon ein Verbrechen an sich. Nur kann die Polizei die Gründe dieser Tat nicht hinterfragen, weil diese Justiz hier Wert nur auf Tatbestände legt. Sie ist auch Teil eines Gewaltsystems. Nach Wadzeks Verhaftung muß das Opfer noch ein Beispiel der Gewalttätigkeit erleben, die von dem Polizeileutnant ausgeübt wird:

> „Er [der Polizeileutnant] bohrte mit Daumen und Mittelfinger Wadzek in die Backen, so daß die Kiefer aufsprangen und Wadzek den Mund sperrte. Dann gab er Wadzek seitlich herum, während er ihn losließ einen sanften Stoß mit dem Knie ins Gesäß: ‚Lieber Herr behaupten Sie später bloß keene

---

[112] Vgl. hierzu Stühler, Friedrich: Totale Welten: Der moderne Großstadtroman. Theorie der Forschung, Bd. 70. Literaturwissenschaft, Bd. 2., Regensburg 1989, S. 75.
[113] „Wadzek", S. 173. Hervorhebung von mir.

Sachen, die sich nicht nachweisen lassen. Etwa, daß ich Sie gestoßen habe. Sie können sich darauf höchstens etwas wegen Beamtenbeleidigung zuziehen. Also - machen Sie den Mund wieder zu."[114]

Diese Gewalttat erfolgt, nachdem Wadzek versucht hat zu zeigen, daß die Polizei nur die von Rommel gegebenen Aufträge erfüllt. Genauso wie die von Rommel im Bereich der Wirtschaft organisierte Gewaltkur läßt sich die dem Einzelnen angetane Gewalt nicht nachweisen. Es mag plausibel sein, daß Wadzeks Reaktion in diesem Gewaltsystem nur verbaler Art sein kann:

„Es ist natürlich, daß sich Gericht und Polizei auf die Seite Rommels stellen; *sie werden wissen, daß es sich um den Kampf des Einzelnen gegen die Masse, die Macht handelt,* und wo steht die Polizei anders als auf Seiten der Macht? Jeder Macht? [...] Wer will wissen, was der Staat unter so außerordentlichen Umständen für Maßnahmen treffen wird."[115]

Der Staat bedient sich der Polizei und der Justiz, um dem Einzelnen Gewalt anzutun. Umgekehrt sieht sich der Einzelne genötigt, auf Gewalt mit Gewalt zu reagieren. Es ist deshalb nicht verwunderlich, daß Wadzek vor der polizeilichen Gewalt erklärt:

„Ich laß mich nicht von Ihnen beleidigen. *Ich werde die entsprechende Antwort geben.*"[116]

Eine solche Antwort ist nichts anderes als die Gewalt. Jedoch lobt er nicht diese vom Staat ausgehende Gewalt. Vielmehr verurteilt er sie:

„Man kann morden in Deutschland, wenn man nur nichts gegen Herrn Rommel unternimmt."[117]

Kritisiert wird also die Institutionalisierung von Gewalt durch den Staat, der in der Tat ein Rechtsstaat sein sollte, der das Einzelne vor der Gewalt zu schützen hätte. Damit enthüllt er die staatliche Kompetenzlosigkeit. Es ist daher kein Zufall, wenn Wadzek sich selbst als einen bedeutenden Wert der Gesellschaft sieht.

„Man hat Rücksicht auf mich zu nehmen."[118]

---

[114] Ebd. Hervorhebung von mir.
[115] Ebd., S. 90. Hervorhebung von mir.
[116] Ebd., S. 99. Hervorhebung von mir.
[117] Ebd., S. 177.
[118] Ebd., S. 177.

Diese Forderung geht mit einer Kritik der Polizei und der Justiz einher:

„Meine Berechnungen werden nicht ausgelöst und entwertet, durch nichts. Was ich geleistet habe, versteht ihr nicht. Gleichmacher ihr! Ihr dürft nicht meine Richter sein. So steht euch nicht an. Die Kompetenz fehlt. Nullen bleiben Nullen."[119]

Am Beispiel dieser Passage wird deutlich, daß die juristische Institution infrage gestellt wird. Sie garantiert nicht die Rechte und die Freiheiten des Einzelnen. Außerdem kann sie die Konflikte zwischen den Bürgern nicht beilegen. Stattdessen ergreift sie Partei für den Stärkeren, nämlich Rommel, gegen den Schwächeren: Wadzek: Außerdem wird der Staat wegen seiner verstärkten und unkontrollierten liberalen Wirtschaftspolitik kritisiert:

„Die Regierung muß sich um die Patente kümmern. Sie muß das Recht, Erfindungen zu machen, einschränken."[120]

Tritt hier Wadzek für die Einschränkung des Erfindungsrechts durch den bürgerlich-kapitalistischen Staat ein, so entwirft er eine neue Staatsform, deren Aufgabe die Kontrolle von Erfindungen sein wird. Dabei soll sie diejenigen zulassen, die dem Menschen nützlich sein werden. Plädiert wird hier für einen Staat, der die Schiedsrichterrolle zwischen Bürgern neutral spielen würde. Hier stellt sich die Frage, ob eine Parteilichkeit des Staates im Bereich der wirtschaftlichen Konkurrenz nicht möglich ist. Auf jeden Fall lehrt die Geschichte, daß der Staat und das Großunternehmertum im kapitalistischen System aufeinander angewiesen sind.[121] So bleibt Wadzek in dieser Hinsicht in der Utopie verfangen, dies läßt sich auf seinen Traum von einer egalitären Gesellschaft zurückführen. Unter Berücksichtigung des Verlustes seines ökonomischen Vorteiles ist das selbstverständlich.

Es erweist sich also, daß der wirtschaftliche Konkurrenzkampf die Hauptfigur dazu führt, die Politik des Staates und die Gesellschaftsstrukturen zu kritisieren. Insofern kann man von einer politischen Dimension des wirtschaftlichen Konkurrenzkampfes sprechen. Interessanter hier ist noch, die romantechnische Dimension zu analysieren.

---

[119] Ebd., S. 99.
[120] Ebd., S. 304.
[121] Im kapitalistischen System muß sehr oft das Großunternehmertum den Staat unterstützen. Dies geschieht durch die Bezahlung von Steuern an den Staat. Umgekehrt verpflichtet sich der Staat zur Verteidigung der Interessen des Großunternehmertums. Ferner ist die Finanzierung von politischen Parteien durch Mammutkonzerne hier sehr häufig. Die Dankbarkeit der Parteien dazu ist manchmal

2.2 Die romantechnische Dimension des Konkurrenzkampfes

2.2.1 Simultaneität von Lebensgeschichten: Defizienz von Handlung und Charakter?

Der Roman Wadzek öffnet sich mit der Geschichte der Hauptfigur. Ein Teilaspekt seiner Lebensgeschichte, die Liebeserklärung an Gaby einbezieht, tritt in den Vordergrund. Es kommt aber zur Ablösung dieses Motivs, wenn der Konkurrenzkampf angekündigt wird. Von diesem Moment an hängt das Schicksal der Hauptfigur von diesem Kampf ab. Er bemüht sich, im wirtschaftlichen Bereich die Oberhand zu behalten. So sieht man ihn im Bündnis mit dem Ingenieur Schneemann seinem Gegner Rommel entgegentreten. Plötzlich versucht er, mit diesem zu verhandeln, läßt stattdessen demütigen und einschüchtern. Die Folgen davon sind eine tiefe Depression und ein Rache- und Feindgefühl seiner Umwelt gegenüber.[122]

Der zweite Rettungsversuch ist die Reinickendorfer Verbarrikadierung, die damit endet, daß Wadzek durch die Polizei verhaftet wird. Den letzten Rettungsversuch bildet die Amerika-Reise, die eine Flucht vor seiner kapitalistischen Gesellschaft bedeutet. Dazu schreibt Antony W. Riley:

„In der Handlung des Romans, also in Wadzeks Tun und Treiben, scheint es, daß er eine solche Wandlung erlebt. Aus diesem kleinbürgerlichen Haustyrann und auf Geld und Macht versessenen Ingenieur und Fabrikanten wird ein prophetischer, wenn auch neurotischer Lehrer, der aus den Beschränkungen, der Geschäfts- und Familienwelt in das Land der unbegrenzten Möglichkeiten flieht."[123]

Mit Riley muß man zugeben, daß die Hauptfigur des Romans einen moralischen Fortschritt gemacht hat, sie bleibt aber, psychologisch gesehen, ganz hinten zurück. Denn ab und zu regrediert er zu seinen ehemaligen kapitalistischen und patriarchalischen Gesichtspunkten. Damit scheitert jener moralische Fortschritt bis zum Ende des Romans an seinem psychologischen Rückstand. Seine Amerika-Reise läßt die Verwirklichung seines Traumes ganz offen. Unbestritten aber wird Wadzek zu einem „exemplarischen Opfer"[124] der bürgerlich-kapitalistischen Gesellschaft. Dadurch wird dadurch die Handlung ins Pri-

---

[122] im Parlament, wo bestimmte Abgeordnete gewisse Maßnahmen treffen, die dieses Unternehmertum begünstigen werden.
Vgl. hierzu Teil I, 1.3.2. der vorliegenden Arbeit.
[123] Riley, Antony W.: Im Nachwort zu „Wadzek", S. 387.
[124] Salget, Müller Klaus: Alfred Döblin: Werke und Entwicklung, Bonn 1972, S. 84.

vate verschoben. Denn von den persönlichen Rachegefühlen von Wadzek ist die Rede, so daß der Roman einer „psychologischen Studie"[125] gleichgesetzt werden könnte, in der das Schicksal der Hauptfigur in der Auseinandersetzung mit seiner Umwelt gestaltet wird. Romanstrukturell könnte hier dafür die Tatsache sprechen, daß diese Hauptfigur in 29 der etwa 38 Sequenzen zu Wort kommt. Davon ist abzuleiten, daß die Wadzek-Geschichte im Mittelpunkt des Romangeschehens steht. In diesem Sinne schreibt Ernst Ribbat:

> „Die dominierende Stellung der Hauptfigur geht nicht nur so weit, daß Sinn und Bedeutung der anderen Figuren an ihrer Relevanz für sein Leben und Denken gemessen werden müssen, sondern läßt auch die Erzählerperspektive weitgehend mit seiner Figurenperspektive konform werden. Es ließe sich daraus folgern, daß an die Stelle der anonymen Massenbewegungen im chinesischen Epos [Wang-Lun-Roman] ein privater, psychologisch eingrenzbarer Konflikt Gestalten seiner Umgebung getreten ist, also zuweilen sich dramatisch zuspitzende Romanhandlung konventioneller Art."[126]

Mit Recht hebt Ribbat hier die Wadzekgeschichte hervor. Denn immer wieder ist Wadzek im Romangeschehen präsent. Auf den ersten Blick ließe sich aufgrund der Dominanz der Geschichte der Hauptfigur schließen, daß der Roman um die Geschichte und die Entwicklung des einzelnen Wadzek kreist. Man darf aber die Bedeutung der Schicksale anderer Romanfiguren nicht aus dem Auge verlieren. Denn erst im Zusammenhang mit ihnen wird das Schicksal der Hauptfigur verständlich.

Durch die simultane Darstellung von verschiedenen Schicksalen, wird klar, daß das Schicksal der Hauptfigur nur eines unter vielen ist. Mit der Figur Gaby ist Wadzek außerehelich verbunden. Im Romangeschehen spielt sie eine helfende Rolle, die darin besteht, Rommel auszuspionieren. Ihre Sympathie erreicht ihren Höhepunkt, wenn sie Rommel zu beeinflussen versucht, damit dieser die Fabrik nicht zwangsweise mit seinen eigenen Werken fusioniert. Dieser Versuch schlägt aber fehl. Aus diesem Grund muß sie Abschied von Rommel nehmen, um dann zusammen mit Wadzek die Amerika-Reise anzutreten. Ihr persönliches Engagement führt dazu, daß sie mit Herta in Konflikt gerät. Denn letztere hält sie für die Depressionen ihres Vaters verantwortlich:

> „Du [Gaby] hast ihn nach Reinickendorf geschickt, in diese unmögliche Situation [...] Ich dulde nicht, daß Du meinem Vater das antust [...]."[127]

---

[125] Ebd.
[126] Ribbat, Ernst, S. 173.
[127] „Wadzek", S. 211.

Erzählt wird auch die Lebensgeschichte von Pauline. Sie tritt als die Frau Wadzeks auf. Ihr Leben läßt zwei Phasen erkennen. Die erste ist gekennzeichnet durch ihre Gehorsamkeit und ihre Passivität ihrem Mann gegenüber, der hier noch patriarchalische Gesichtspunkte vertritt. Machtlos muß sie beispielsweise der Entsendung ihrer Tochter bei Rommel als Unterpfand zu sehen.

Der Reinickendorfer Aufenthalt aber revolutioniert sie ganz radikal. Dabei spielt der Zusammenbruch der Fabrik ihres Mannes eine bedeutende Rolle, da dieser zu seinem Autoritätsverlust auch innerhalb der Familie führt. Darum erhebt sie den Anspruch auf Gleichrangigkeit und Gleichberechtigung zwischen ihr und ihrem Mann im Familienkreise. So zeigt das Ende des Romans eine Frau, die nach der Flucht des Mannes und der Reise von Herta einsam leben muß.

Am Beispiel der drei Figuren ist festzustellen, daß die Romanhandlung nicht auf das Schicksal und Lebensgeschichte der Titelfigur, sondern vielmehr auf eine Vielfalt von Lebensgeschichten bzw. Schicksalen sich konzentriert. Nicht zufällig stehen diese Lebensgeschichten nebeneinander. Das bedeutet, der Einzelne allein ist nicht mehr Bezugspunkt. Auch die individuelle Erfahrung reicht nicht mehr aus, und die Hauptfigur Wadzek wird auf ein Fragment reduziert.[128] So wird Wadzek-Geschichte fragmentarisch dargestellt, denn dazwischen schieben sich andere Lebensgeschichten und Schicksale, so daß ihre chronologische Erfassung der Romanhandlung nicht möglich ist. Seine Lebensgeschichte ist von Teilgeschichten aus dem Leben anderer Romanfiguren durchsetzt. Wie läßt sich all dies erklären?

Um diese Frage zu beantworten, muß man zunächst auf die Wirtschafts-, Sozial- und Wissenschaftsgeschichte und dann auf die Identitätskrise des Schriftstellers rekurrieren. Wirtschaftsgeschichtlich kam es zwischen den beiden Weltkriegen zur Verschärfung der schon im 19. Jahrhundert begonnenen industriellen Revolution. Die Lebenszusammenhänge wurden durch die Expansion von Technologien und Wissenschaften charakterisiert. Die Folgen davon waren die Erfindung neuer Produktionszweige und Produktionsmethoden, die Expansion der Nachrichtentechnologie sowie die Entstehung größerer Städte und Verkehrszentren.[129] Dies bedeutet die Entstehung einer neuen Großstadterfah-

---

[128] Vgl. hierzu: Stühler, Freidberg: Totale Welten. Der moderne Großstadtroman, Regensburg 1989, S. 78.
[129] Ebd., S. 121.

rung. Im Bereich von Wissenschaften, vor allem der Psychoanalyse und der Soziologie, kam es auch zu außerordentlichen Veränderungen.[130]

Gegenüber diesen neuen wissenschaftlichen Erkenntnissen und der neuen Großstadtwirklichkeit wird der Einzelne zu einer „Quantité négligeable". Seine individuellen Erfahrungsmöglichkeiten stehen also der Komplexität der Lebenszusammenhänge entgegen.[131] Entfremdung, Anonymität und Vermassung des Individuums sind typisch in der neuen Großstadtwirklichkeit. Problematisiert wurde die Repräsentationsfähigkeit[132] des Individuums, denn in dieser Massensgesellschaft beziehen sich das Einzelschicksal und Kollektivprozesse aufeinander. Die zunehmende Komplexität der gesellschaftlichen Wirklichkeit führt zu einer Revolutionierung der Romanform, deren ästhetische Struktur sich radikal verändert und von den soziologischen, ideologischen oder wissenschaftlichen Momenten abhängt. Romanästhetisch hat dies drei Folgen: die Mehrdimensionalität des Erzählens, die historische, soziologische, psychologische und philosophische Komponenten enthalten kann. Hinzu kommt der Polyperspektivismus als Mittel, die komplizierten funktionalen Verflechtungen der Realität zu gestalten. Die zweite Folge ist die Aneignung anderer Medien, um weiterer Formen der Wirklichkeitserfassung habhaft zu werden. Die letzte Folge ist die Entstehung neuer Formen der Verallgemeinerung, die auf einer Modelltechnik, auf dem experimentellen und soziologischen Denken fußt.

Es stellt sich also heraus, daß die Überfülle der Weltereignisse und die Expansion des Wissens über den Erfahrungsbereich des Individuums hinausgehen. So führt dies zur radikalen Entpsychologisierung, d. h. zur Relativierung und Dezentralisierung des Ichs und des Stils, und zur Auflösung des einseitig personenzentrierten Handlungsschemas zugunsten der Darstellung von Personen und Handlungen im soziologischen Feld, was als Ende des Individuums und Hinwendung zu kollektiven Zusammenhängen bzw. zu Massen betrachtet wird. Es kommt in dieser Hinsicht zum Handlungsdefizit in Romanen der Zwischenkriegszeit. Dies ist charakteristisch für die Identitätskrise des Schriftstellers, von der wir schon gesprochen haben.[133] Ging der traditionelle Romancier im 19. Jahrhundert noch von den Prämissen aus, daß „das Weltganze grundsätzlich durch die Erfahrungsmöglich-

---

[130] Man denke hier an die Entdeckung des Unbewußten durch Sigmund Freund und an das „kollektive Unbewußte" von Freudianern.

[131] Ebd.

[132] Vgl. hierzu Berg, Jan u. a. (Hrsg.): Sozialgeschichte der deutschen Literatur, Frankfurt/Main 1981, S. 262.

[133] Vgl. hierzu, Teil I, 1.3.2. der vorliegenden Arbeit.

keiten des Individuums wiedergegeben werden kann",[134] oder noch von „einem geordneten Kosmos der Innerlichkeit", dem Seelenleben - des Individuums, so obliegt ihm nun die Aufgabe, die Erfahrungsmöglichkeiten vieler Individuen multiperspektivisch und parallel darzustellen, die Gesamtheit der neuen Erkenntnisse in sein Romangeschehen einzufügen. Dies reflektiert auch die Suche nach der neuen Identität des Schriftstellers, der hier neue Erzähltechniken[135] entwickelt:

> „Das reiche Experimentieren nun mit impliziten und expliziten Erzählerfiguren, personalen, uni- und multiperspektivischen und auktorialen Erzählformen, z. T. das Nebeneinander aller in einem Werk sind Ausdruck der Schwächung der Rollenidentität in moderner Gesellschaft."[136]

Der Verlust an Identität des Individuums wird vor allem in der Zurückdrängung der Geschichte des Einzelnen zugunsten des Allgemeinen sichtbar. So steht jede Lebensgeschichte nur repräsentativ. In diesem Falle spricht man von Defizienz von Handlung,[137] die mit einer Defizienz der Charaktere einhergeht.

Der Leser von *Wadzek* wird nur schwer den Charakter der Romanfiguren entziffern können. Am Beispiel der Hauptfigur stellt man fest, daß ein gewisser Widerspruch in seinen Charakterzügen abzulesen ist. So erscheint er bald als der technisch und kapitalistisch Begeisterte und bald auch als Morallehrer in seiner zweideutigen Position zur Technik. Daraus ergibt sich ein zwiespältiges Verhalten.[138] Der Herausgeber von Geschichtsblättern für Technik, Industrie und Gewerbe konnte diesen Zwiespalt im Benehmen vieler Romanfiguren bemerken, denn er vertritt die Meinung, diese sind teils Imbezille und teils Psychopathen.[139] In der Tat herrscht bei den Hauptfiguren die Zwiespältigkeit von Charakteren. Bei Gaby zum Beispiel ist unklar, ob sie Wadzek wirklich liebt oder nur einfach eine Bohêmeexistenz führen will. Auch die Liebe von Frau Pauline zu ihrem Mann ist

---

[134] Stühler, Friedrich, S. 124.

[135] Man denke hier vor allem an die Technik der Montage, der Collage und an neue literarische Techniken wie die Multiperspektivität, den stream of consciousness, usw.

[136] Benjamin, Walter, zitiert nach Berg, Jan, a.a.O., S. 273.

[137] Der Begriff „Handlung" bezeichnet hier die Gesamtheit aller Ereignisse und den Ablauf konkrter Ereignisse und seelisch-geistiger Prozesse; die derart zusammengesetzt sind, daß das Ganze nicht verändert und durcheinandergerät, wenn irgendein Teil umgestellt und weggenommen wird. Charakteristisch für eine Handlung sind das Kausalitäts- und Kontinuitätsprinzip. Vgl. hierzu Bantel, Otto, u. a. (Hrsg.): Grundbegriffe der Literatur, Frankfurt/Main 1983, S. 58 unter „Handlung" und Aristotelex: Poetik. Übersetzt und hrsg. von Manfred Fuhrmann. Stuttgart 1987, S. 29.

[138] Vgl. hierzu Teil I, 1.3.2. der vorliegenden Arbeit.

[139] Vgl. hierzu „Wadzek". Nachwort des Herausgebers zur Rezeption von „Wadzek", S. 370.

problematisch. Zwar konnte man in der Beerdigungsszene die Sorge um ihren Mann bemerken, doch bleibt ihr am Ende des Romans die Flucht des Mannes unbedeutend.

Hieraus wird deutlich, daß es eine Vielfalt von Charakteren gibt, die wiederum zwiespältig sind. Man ist daher versucht zu schließen, daß aufgrund dieser Zwiespältigkeit ein Defizit von Charakteren vorliegt. Döblin geht es nicht darum, seinem Leser ein Charaktermodell zu entwerfen, sondern vielmehr ihn dazu zu bewegen, über diese Pluralität von Charakteren nachzudenken. Diese „Inexistenz der Handlung und Charaktere"[140] ist auf die Tatsache zurückzuführen, daß Döblin kein Individualschicksal schildern will, sondern „die Darstellung des Allgemeinen"[141] bevorzugt. Dazu schreibt Ernst Ribbat:

> „Die Personen des Roman sind in Wahrheit keine individuellen Gestalten, und sie sind nicht als einmalige Persönlichkeiten konzipiert, deren Seelen- und Geistesart eine unverwechselbare Signatur besäße. Vielmehr haben sie als prinzipiell austauschbare Funktionsträger anonyme Figuren und Lebensmächte zu gelten. Die individuelle Eigenart auch der Hauptfigur bleibt dem Leser bis zum Ende verschlossen und eine psychologische Schlüssigkeit des Persönlichkeitsbildes stellt sich nicht ein. Bei einer Nebenfigur wird sogar der Name verwechselt."[142]

Betont wird hier das Hin- und Hergerissen, das die meisten Figuren des Romans kennzeichnet. Hervorgehoben wird zugleich die Veränderungsmöglichkeit bei jenen Romanfiguren, was darauf hinweist, daß Döblin I seinem Leser wohl kein festes Charaktermodell suggerieren will. Vielmehr dienen diese Figuren als Beispiel von Individuen, die einen kollektiven Charakter haben. Insofern ist das Ich der Hauptfigur in der Anonymität anderer Ichs verloren. Dafür ist die Benennung des Sohnes von Frau Litgau, der bald Albert, bald Phillip im Roman genannt wird, ein nennenswertes Beispiel. So wird deutlich, daß die Konturen der Persönlichkeiten mancher Romanfiguren einfach verwischen. Solch eine Verwischung jeder Form von fester Persönlichkeit wird durch die Unterbrechung von verschiedenen Lebensgeschichten durch die Collage und Montage aus Fakten ermöglicht. Auf diese Weise wird die Lebensgeschichte der Hauptfigur derart unterbrochen, daß sie nur noch einen unwesentlichen Teil des Romangeschehens ausmacht. An dieser Stelle ist es wichtig, der Funktion von Collage- und Montagetechnik im Roman nachzugehen.

---

[140] Stühler, Friedberg, S. 84.
[141] Ebd.
[142] Ribbat, Ernst: S. 193.

2.2.2 Die Bedeutung von Fakten, Zitaten und Anspielungen

Lebensgeschichten von Romanfiguren werden in Döblins Roman sehr oft durch Fakten, Zitaten und Anspielungen unterbrochen. Fakten aus dem Wirtschaftsbereich unterbrechen zum Beispiel die Wadzek-Geschichte ständig:

> „Mitte Januar notierte die Börse: Lokomobil- und Maschinenfabrik Heinsforf [Wadzek] 95 ½ Anfang Mai 74. In der Generalversammlung der Aktionäre hatte man gerötete Gesichter [...]."[143]

So dringen die Börsennachrichten ins Leben der Hauptfigur und modifizieren von Grund auf ihr Verhalten. Zahlen allein genügen auch, um ihr Engagement im wirtschaftlichen Konkurrenzkampf auszulösen:

> „Wadzek dozierte sicherer, sprach die einfachen Rechenzahlen [...] Es handelte sich um Sein und Nichtsein. Er setzte neben Rommels Schiffsturbine das Modell 65 eine vierzylindrige Expansionsmaschine mit dem geteilten Hoch- und Niederdruckzylinder R. A. Ein kritischer Punkt kam [...]. Er wollte die große Offensive einleiten. R. A. gegen Modell 65."[144]

Die Zahlen bezeichnen hier die Markenzeichen von Maschinentypen, die die Opposition zwischen Rommel und Wadzek repräsentieren. Wie im Falle von Börsennachrichten tragen jene Zahlen eine wirtschaftliche Bedeutung. Anhand dieser Zahlen kann man wissen, daß es Wadzek wirtschaftlich schlecht geht und daß dies seinem Gegner Rommel zugute kommt. Hier gilt die Börse als Barometer der kapitalistischen Wirtschaft, während die Erfindung neuer Maschinentypen zum Symbol technischer Dynamik wird. Beide bestimmen die Freude oder die Angst der Bürger. Zahlen gelten in dem Falle also als Objektivationsfaktoren inmitten einer vom Einzelnen immer wieder schwer zu durchschauenden Welt. Sie allein fungieren als Garanten einer gewissen Sicherheit und Zuverlässigkeit.[145] Dabei wird der Mensch als ein geringwertiges Wesen und als eine Zahl unter anderen erfaßt, weil

---

[143] „Wadzek", S. 15 f.
[144] Ebd., S. 30 f.
[145] Vgl. hierzu Schwimmer, Helmut, S. 100.

„[...] In der modernen Massenwelt der einzelne Mensch mehr und mehr seine Singularität, seine Unverwechselbarkeit einbüßt [und] in den Statistiken nur noch als Zahl neben anderen Zahlen vorhanden ist."[146]

Romanstrukturell bedeutet dies das Verschwinden eines objektivierbaren Charakters bei den Hauptfiguren. So spielt Wadzek stets mit dem Namen seines Doppelgängers, den er „Schneemann", „Weißmann", „Whiteman" und schließlich „Polar bear" nennt. Ebenfalls spielt der Erzähler mit der Persönlichkeit von Schneemann und läßt sogar seinen Namen beim Genießen eines Bierglases atomisieren:

„Er [Wadzek] schürfte das Bier mit starkem Bewußtsein verleibte sich Kubikmeter ein [...] Es saßen da lauter kleine biertrinkende Schneemänner."[147]

Mehr als nur diese Atomisierung geht es um eine Namensymbolik. Denn der Name „Schneemann" drückt etwas Flüssiges aus, das vereist ist und der Hitze nicht widerstehen kann. Genauso kann Schneemann der Hitze der Realität nicht standhalten. Dazu schreibt Dollenmayer:

„[...] Snowman a pale figure liable to melt away under the heat of reality."[148]

Die Unüberschaubarkeit des Einzelnen läßt sich in der Großstadtumwelt damit begründen, daß er hier zu einem anonymen Wesen geworden ist. Daß es sich um die Großstadt Berlin handelt, daran erinnern Straßen- und Ortsnamen ganz deutlich daran. Orte wie „Café Storn" und „Riedel", „die Chausseestraße", die „Rosenthalerstraße", die „Gitschiner Straße" und" der Belleallianzplatz" sind hier erwähnenswert. An diesen verschiedenen Orten wird in verschiedenen Zeiten gleichzeitig gespielt. Dieses Nebeneinander verschiedener Situationen in verschiedenen Zeiten und Räumen verweist auf die Montagetechnik, die die simultane Darstellung von Ereignissen und Lebensgeschichten, ökonomischen Fakten, Statistiken und realen Ortsnamen möglich macht. Dargestellt wird der großstädtische Wirklichkeitskomplex in disparaten Momentimpressionen. Bruchstückhaft erscheint also diese Großstadtwirklichkeit. Darstellungstechnisch ist hier die Multiperspektivität relevant. Sie führt dazu, daß die ganze Realität aus verschiedenen Perspektiven geschildert wird. Erzählt wird nicht nur aus der Perspektive der Hauptfigur, sondern auch aus der anderer Figuren und aus der des Erzählers. Diese Multiperspektivität ist charakte-

---

[146] Ebd.
[147] „Wadzek", S. 120.
[148] Dollenmayer, David: The berlin Novels of Alfred Döblin, Berkeley, Los Angeles, London 1988, S. 37.

ristisch für die Großstadtumwelt, in der die Anonymität herrscht und in der nichts mehr aus der Perspektive des Einzelnen gesehen werden kann.

Auch deformierte Zitate werden in das Romangeschehen eingestreut. Sie werden sehr oft aus dem Zitatenschatz deutscher Klassiker geschöpft. Beim Auftritt von Schneemann erfährt man, daß seine Zitate aus der Tiefe und aus Goethe stammen. Unmittelbar danach heißt es:

„Denn es ist das Mächtige, was man dir auch sage."[149]

Zitiert wird aus Goethes *west-östliche(m) Divan*. Das Original lautet:

„Über Niederträchtige

Niemand sich beklage

Denn es ist das Mächtige,

was man auch dir sage."[150]

In einem anderen Zusammenhang bedient sich Wadzek eines Schillerschen Zitates, um seine Position zur Technik zu erklären. Auch hier erscheint das Zitat in deformierter Form:

„Man muß sie [die Technik] zugeben, zähmen, in unsere Bahnen einlenken wie Schiller von des Feuers Macht sagt, daß sie der Mensch bezähmt, bewacht aber ‚wachsend' ohne Widerstand durch die aufgeregten Gassen wälzt der ungeheure Brand."[151]

Abermals wird ein Zitat aus Schillers *Lied der Glocke* (1799) deformiert. Das ursprüngliche Zitat lautet:

„Wohltätig ist des Feuers Macht wenn sie der Mensch bezähmt [...] Wehe, wenn sie losgelassen ohne Widerstand durch die Gassen die volksbelebten Gassen wälzt den ungeheuren Brand."[152]

---

[149] „Wadzek", S. 13.
[150] Goethe, Johann Wolfgang: Gesammelte Werke. Band 2. Gedichte und Eupen. München 1982, S. 47.
[151] „Wadzek", S. 238.
[152] Schiller, Freidirch: Sämtliche Werke in sechs Bänden, Band 1. Gedichte, Stuttgart, o. J., S. 52.

Man könnte noch weitere deformierte im Roman finden. Verwendet werden sie vor allem von Wadzek und Schneemann, die sich dabei auf Goethe und Schiller beziehen. Hier hat Schneemann ein Faible für Goethe, Wadzek dagegen interessiert sich besonders für Schiller. Beide tendieren dazu, das klassische Bildungsgut zu verehren. Sie identifizieren sich mit den Situationen, die die Zitate jeweils ausdrücken, gebrauchen sie aber nur in deformierter Form.

Döblin geht es nicht einfach darum, sein Romangeschehen mit diesen Zitaten zu schmücken. Vielmehr scheint er hier die Überschätzung des bürgerlichen Bildungsgutes zu parodieren und zu relativieren. Damit distanziert er sich auch von dem Bildungsgut, das bis dahin als Referenzmodell galt. Es ist also kein Zufall, wenn Döblin die deformierten Zitate in den Mund seiner entfremdeten Figuren Schneemann und Wadzek legt. Beide Figuren erinnern sich nicht mehr genau an dieses Bildungsgut, wofür sie jedoch sehr begeistert sind. Dafür spricht die Deformierung von Zitaten . Damit wird deutlich, daß die Werke bzw. Ideale der bürgerlichen Aufklärung einfach obsolet geworden sind. Auf jeden Fall konnte Döblin diesen bourgeoisen Kulturbetrieb, den er selbst verachtete und bekämpfte,[153] nicht verehren.

Neben Zitaten gibt es Anspielungen, die als fremdes Material den Roman durchziehen. Hingewiesen wird auf die Geschichte der Technik. Namen von europäischen Ingenieuren wie Watt, Stephenson, Releux, Alfred Nobel und Alphonse Bertillon finden hier Erwähnung. Mit jedem dieser Namen ist eine Entwicklungsstufe des technischen Fortschritts verbunden.

Auch Anspielungen auf historische Figuren und Ereignisse finden hier Verwendung. So erinnert der Name des Maklers Abbeg an den preußischen Staatsmann Bruno Abbeg (1803 - 1848), der politische Ämter im zweiten Kaiserreich inne hatte. Erwähnt werden auch die Namen von Gustav Adolph und von Napoleon. An einer Stelle ist sogar von der Kaiserproklamation zu Versailles die Rede. Im Anschluß an diese Namen und Ereignisse wird jedoch kein ausführlicher Kommentar gemacht. Dies bedeutet, daß ihnen keine große Aufmerksamkeit geschenkt wird. Werte, die diese Figuren verkörpern, sind also nicht mehr relevant.

---

[153] Vgl. hierzu Schimmer, Helmut, S. 105.

Auch religiöse Anspielungen sind in dem Romangeschehen identifizierbar. Dies ist der Fall im ersten Buch des Romans, wenn Gaby Jakob Rommel mit dem Erzengel Jakob vergleicht. Außerdem wird auf die Passion Christi hingewiesen:

„Und dann warf es ihn auf die Knie, Schneemann kniete neben ihm vor der gespenstigen Bodentür. Der kleine [Wadzek] betete laut, die Hände faltete er hoch über dem Kopf ‚Herrgott, ich bete zu dir. Dieser Augenblick ist zu mir gekommen, ich habe ihn nicht gewollt, du hast es mir geschickt. Ich nehme ihn ja an. Ich werde bald bei Dir sein. Der Triumph ist mit mir. Hilf mir gnädig, sei bei mir."[154]

Am Ende des Romans verdeutlicht er Gaby folgendes vor der Amerika-Reise:

„Ich behaupte nicht zuviel, wenn ich Ihnen verspreche, daß ich Sie in ein Land führe, wo Honig fließt. Sie werden es an meiner Hand kennen."[155]

Dies erinnert an Gottes Auftrag an Moses.[156] So lassen sich die Hauptfiguren mit biblischen Figuren vergleichen. Es läßt sich fragen, welche Bedeutung die religiösen Anspielungen haben. Im Zusammenhang mit der religiösen Konzeptionen Döblins ließe sich dies besser begreifen. Im Jahre 1904 schreibt er einen Brief an Else Laske-Schüler, in dem er sagt, er werde vielleicht sehr gläubig werden. Und das beste sei, daß die Menschen beten würden. Er kommt dann zu dem Schluß, daß die Menschen immer fort beten würden[157]. Aus diesem Grund seien seine Werke Gebete.[158] In der Tat sind die Werke von Döblin auch Gebete in dem Sinne, daß sie religiöse Anspielungen beinhalten. Damit ist nicht gemeint, daß Döblin unkritisch für eine Aufnahme des Religiösen eintritt. Im Gegenteil: Döblin setzt sich hier für den Säkularisierungsprozeß[159] ein. Wenn er beispielsweise die Worte Christi kurz vor dem Tod am Kreuz in den Mund seiner Hauptfigur legt, so kritisiert er jenen Menschen der industriellen Gesellschaft, der in den schwierigen Momenten seines Lebens sich auf Gott berufen muß. Karl Marx würde in gleicher Weise sagen, daß die Religion das Opium des Volkes sei.[160] Aufgrund des Massensterbens des

---

[154] „Wadzek", S. 164.

[155] „Wadzek", S. 333.

[156] Nach der biblischen Tradition sollte Moses sein Volk aus Ägypten nach der „Terre promise" führen und es durch Wunder überzeugen.

[157] Schwimmer, Helmut, a.a.O., S. 105 ff.

[158] Ebd.

[159] Unter „Säkularisierungsprozeß" verstehe ich hier die Abkehr des Menschen von mythischen und geistigen Mächten.

[160] Marx, Karl: zitiert nach Hirschberger, Johannes in: Philosophiegeschichte, 21. Aufl., Freiburg/Basel/Wien 1989, 1961, S. 175.

ersten Weltkrieges trat ja die Hilflosigkeit des Menschen hervor. Man legte nicht mehr so viel Wert auf die Religion und Gott, die wegen des Industrialisierungsprozesses zu abgegrasten Werten geworden waren. Es sei hier erinnert, daß Friedrich Nietzsche den Tod Gottes ankündigte seit der Jahrhundertwende proklamierte und die Geburt des Übermenschen feierte.[161] Dies wurde von Vielen Schrifstellern der deutschen Avantgarde unterschiedlich rezipiert. Der Autor Döblin ironisiert an dieser Stelle jenen blinden Glauben an Gott, der tatsächlich dem Geist des technischen Zeitalters nicht entspricht.

Von großer Bedeutung sind auch mythologische Anspielungen im Roman. Anläßlich eines Gesprächs mit Gaby im ersten Buch, meint Herta:

„Gaby das Schicksal steht über unserem Haus. Agammennon ist nicht gegen uns."[162]

Hingewiesen wird hier auf die mythologische Figur Agammennon, um den Patriarchalismus von Wadzek zu beleuchten.[163] Auch im Zusammenhang mit der Szene der Beerdigung, in der Wadzek symbolisch beerdigen wird, läßt sich Pauline mit der mythologischen Figur Klymtamnästra vergleichen, die den Tod des eigenen Mannes genießt. Dazu schreibt Huguet:

„[...] La Douleur suscitée par la mort d'un être aimé est un phénomène de sublimation. Elle ‚signifie' tout simplement que la mort du parent a procuré une procuration à un désir inconscient qui, s'il avait été puissant aurait provoqué cette mort."[164]

Festzuhalten ist, daß auf solche mythologischen Beispiele nicht tiefer eingegangen wird. In einer Zeit, wo die griechische Antike nicht mehr Bezugspunkt ist, versteht sich dies von selbst.

Im Hinblick auf den Sinne der im Roman verwendeten Fakten, Zitate und Anspielungen ist festzustellen, daß das Kampfmotiv neue Horizonte hat. Außerdem besteht das Romangeschehen aus einer Kombination heterogener und unzusammenhängender, re-

---

[161] Nietzsche, Freidrich zitiert nach Hirschberger, Johannes, ebd., S. 184 f.
[162] „Wadzek", S. 40.
[163] Vgl. hierzu Teil I, 1.4. der vorliegenden Arbeit.
[164] Huguet, Louis: L'ouvre d'Alfred Döblin ou la dialectique de l'exode 1878 - 1918. Essai Psychologique Structurelle. Thèse d'Université de Paris X 1970, S. 552.

produzierter Sprachstücke.[165] Es handelt sich hier um die Anwendung der Collage- und Montagetechnik.

Als Kompositionsformen, die verschiedene Elemente aus vielen Lebensbereichen integrieren, drücken sie ein breites Totalbild der Welt, der Zeit und Gesellschaft aus. Romantechnisch kommt es zur bunten Handlungsfülle, ohne realen kausalen und geschlossenen Geschehensaufbau. Hier hat die Hauptfigur keinen Spielraum zur individuellen Persönlichkeits- und Charakterentwicklung. Dies entspricht formal gesehen dem epischen Roman, dessen organisierendes Element der Totalitätsanspruch ist. Totalität bedeutet hier, daß die Romanwelt zu einem Multiuniversum[166] möglicher mythischer, naturwissenschaftlicher, wirtschaftlicher, psychologischer, soziologischer, ethischer und ästhetischer Erscheinungen wird, die simultan dargestellt werden. Im Zusammenhang mit diesem Totalitätsanspruch, stellt sich die Frage nach Döblins Romankonzeption.

2.2.3 Döblins Romankonzeption: „Depersonation" und Objektivität?

Die Auseinandersetzung des Autors Döblin mit der Gattung Roman läßt sich in einigen seiner literarischen Essays ablesen. In dem Essay *„An Romanautoren und ihre Kritiker"* (1913) zum Beispiel setzt er sich systematisch mit jeder Art von Romanpsychologie und von Rationalismus[167] auseinander. Dies ist untrennbar verbunden mit seinem Lob für die Psychiatrie, die „das Naive der Psychologie längst erkannt hat [und] beschränkt sich [dann] auf die Notierung der Abläufe [und] Bewegungen."[168] Nach Döblin ist allein die „entseelte Realität"[169] der Gegenstand des Romans, der aus Lebensfakten und im „Kinostil"[170] dargestellt wird. Dabei wird nicht erzählt, sondern vielmehr gebaut:

> „Von Perioden, die das Nebeneinander des Komplexes wie das Hintereinander rasch zusammenfassen erlauben, ist umfänglicher Gebrauch zu machen. Rapide Abläufe; Durcheinander in bloßen Stichworten, wie überhaupt

---

[165] Vgl. hierzu Gero (von) Wilpert: Sprachwörterbuch der Literatur, Stuttgart 1989, S. 155, unter „Collage".

[166] Ebd.

[167] Döblin, Alfred: An Romanautoren und Kritiker, Berliner Programm, in: Demetz, Peter (Hrsg.): Worte in Freiheit. Der italienische Futurismus und die deutsche Avantgarde (1912 - 1934), Bonn, S. 349 - 552 hier, S. 350.

[168] Ebd.

[169] Ebd.

[170] Ebd.

an vielen Stellen die höchste Exaktheit in suggestiven Wendungen gesucht werden muß."[171]

Den Lebensfakten wird hier ein großer Wert zugunsten jeglicher Psychologisierung beigemessen. Folglich soll sowohl der Autor als auch der Erzähler verschwinden:

„Die Hegemonie des Autors ist zu brechen, nicht weit genug kann der Fanatismus der Selbstverleugnung getrieben werden. Oder der Fanatismus der Entäußerung. Ich bin nicht ich, sondern die Straße, die Laternen, dies und dies Ereignis, weiter nichts [...]. Der Psychologismus, der Erotismus muß fortgeschwemmt werden. *Entselbstung, Entäußerung des Autors, Depersonation [...] Tatsachenphantasie! Der Roman muß seine Wiedergeburt erleben als Kunstwerk und modernes Epos.*"[172]

Döblin plädiert hier für die „Entpsychologisierung" im Roman, die als die Relativierung und Dezentralisierung des Ichs zu begreifen ist.[173] Problem ist nun zu wissen, ob die Ausschaltung jeglicher Psychologie von Döblin im Wadzek-Roman in die Praxis umgesetzt wird. Problematisch könnte auch dies sein, wenn man den literarischen Zusammenhang der Zwischenkriegszeit heranzieht. Dabei reflektieren sehr oft die Entfremdungserfahrungen der meisten Figuren, die von einzelnen Autoren gewählt werden, das entfremdete Bewußtsein der Autoren, die einer Orientierungsstörung ausgesetzt sind.[174]

In dieser Hinsicht findet man Interpretationsansätze des Romans von Döblin, die allzu schnell Charakterzüge des Autors Döblin oder noch einiger seiner Familienmitglieder mit denen einiger Romanfiguren gleichsetzen. Diesem Versuch scheint Ernst Ribbat zu verfallen, denn er schreibt:

„Der Fortfall aller Vermittlungen zwischen Lebensmächten und dem Lebenden Ich macht es im übrigen verständlich, daß Döblins autobiographische Erfahrungen in dem Roman einfließen ließ. Das deutlichste Zeichen dafür ist das Motiv der Amerika-Reise am Ende des Buches. Wadzek folgt hier den Spuren von Döblins Vater. Manche Züge Wadzeks lassen an ein Selbstportrait des Autors denken, etwa seine nervöse Hektik, seine Neigung zur Lehrfertigkeit, seine Unsicherheit gegenüber den Dingen, auch dem täglichen Umgangsort Stetin, Döblins Geburtsort erscheint in der Lebensge-

---

[171] Ebd.
[172] Ebd., S. 352. Hervorhebungen von mir.
[173] Vgl. hierzu Stühler, Friedberg, S. 128.
[174] Vgl. hierzu Stühler, Freiberg, S. 128.

schichte Schneemanns, und Frau Wadzek ist gewiß in manchen Eigentümlichkeiten Döblins Frau nachgezeichnet worden."[175]

Gezogen wird hier eine Parallele zwischen einer Lebensphase von Döblin und seiner Hauptfigur Wadzek einerseits und zwischen Pauline und der Ehegattin von Döblin andererseits. So plausibel solch eine Interpretation auch sein mag, hier liegt die Gefahr jedoch nahe, dem Biographismus zu verfallen.[176]

Man dürfte interpretierend nicht aus den Augen verlieren, daß der Roman *Wadzek* keinesfalls eine „Selbstanalyse"[177], sondern mehr als das ist. Aus diesem Grund darf keine Analogie zwischen dem Autor und einer seiner Figuren etwa zu dem allzu voreiligen Schluß führen, daß beide einfach identisch sind, wie Ribbat es hier zu betonen scheint. Zwar haben Döblin und seine Hauptfigur den „zentralen Konflikt von Selbstbewahrung und Integration ins Leben"[178] gemeinsam durchlaufen. Man muß aber auf jeden Fall eine Grenze ziehen können zwischen Fiktion und Realität. Sie hält Döblin für besonders unerläßlich im Schreibprozeß:

„Der Dichter muß gerade die Realitätsnähe in Augen haben, muß ein objektives Verhältnis zur Realität mit äußerster Härte stilisieren, er muß jedes ästhetisierende psychologisierende Gehabe im Roman ausmerzen, er muß die Kunst verachten, muß sich die bürgerliche Pseudo-Kunst vom Leibe halten [...]."[179]

Und:

„Das Leben dichtet unübertrefflich Kunst hinzufügen ist da meist überflüssig. Der Epiker verachtet die Kunst [...]. Er steht dem Leben am nächsten, Kraft seines Materials."[180]

Die Realität ist nicht anders als die Summe alltäglicher Lebensfakten und Vorgänge, die der Schriftsteller in seinem Romanwerk zu verarbeiten versucht. Dabei gilt das Individuum selber als ein Faktum.[181] Döblin ist es in seinem Wadzek-Roman in gewisser

---

[175] Ribbat, Ernst, S. 174.
[176] Unter „Biographismus" versteht man die Erklärung von Kunstwerken durch die Biographie dessen Autors.
[177] Ebd.
[178] Ebd.
[179] Döblin, Alfred: Bemerkungen zum Roman in: Demetz, Peter: a.a.O., S. 355 - 360, hier S. 355 ff.
[180] Ebd., S. 355.
[181] Vgl. hierzu Hillebrand, Bruno (Hrsg.): Theorie des Romans, München 1980, S. 361.

Hinsicht gelungen, anhand der Kompositionsformen der Collage und Montage reale Vorgänge zu vergeistigen,[182] zumal der Roman für ihn eine ontologische Symbiose von Geist und materieller Wirklichkeit ist.[183]

Die Vergeistung von Lebensfakten geht durch die Thematisierung des wissenschaftlichen Konkurrenzkampfes, der in mancher Hinsicht repräsentativ für die vielfältigen Krisen steht, die Döblin persönlich erlebt hatte. Dazu gehören unter anderem etwa die Frauenemanzipation, die Trustbildung und die damit zusammenhängenden Probleme, deren Höhepunkt hier die Psychosen sind. Aus verschiedenen Perspektiven werden jene Krisen dargestellt. Für Döblin, den Feind der Psychologie, mag das die Suche nach einer gewissen Objektivität des Romangeschehens sein:

> „Ein Grundgebrechen des gegenwärtigen ernsten Prosaikers ist seine psychologische Manier. Man muß erkennen, daß die Romanpsychologie wie die meiste täglich geübte, reine abstrakte Phantasmagorie ist. Die Analysen, Differenzierungsversuche mit einer wirklichen Psyche nicht zu tun haben. Man kommt damit an kleine Wurzeln [...] *Psychologie ist ein dilettantes Vermuten* [...] *Man lerne von der Psychiatrie, der einzigen Wissenschaft, die sich mit diesem Seelischen ganzen Menschen umfaßt. Sie hat das Naive der Psychologie längst erkannt, beschränkt sich auf die Notierung der Abläufe, Bewegungen - mit einem Kopfschütteln, Achselzucken für das Weitere und das ‚Warum' und ‚Wie".*"[184]

So setzt Döblin die „psychiatrische Methode" an die Stelle der „psychologisierende Darstellungsweise."[185] In dieser Methode dürfen Gestalten des Romans weder sich selber analysieren (d. h. die Beweggründe für diese oder jene Handlung preisgeben) noch darf der Erzähler einen erklärenden Kommentar dazu geben.[186] Vielmehr muß das erzählende Medium sich damit begnügen, „Abläufe und Bewegungen" zu notieren. Dabei soll die alltägliche Handlung im verfilmten Zeitlupentempo beobachtet und in detaillierten Schilderungen dargestellt werden, weil nichts auszulassen ist. Ansonsten würde die Auswahl selber eine Interpretation seitens des Autors implizieren. Ausführlich ist zum Beispiel das Portrait Wadzeks kurz vor der Reinickendorfer Verbarrikadierung:

---

[182] Grotte, Wolfgang: Die Theorie des Erzählens bei Alfred Döblin in: Ludwig, Heinz Arnold (Hrsg.): Text und Kritik. Heft 14/14 Alfred Döblin, 2. Aufl. November 1972, S. 7 - 25, hier S. 8.
[183] Braacke, Diedier: Erzähltes Engagement in: Arnold, Heinz Ludwig: a.a.O., S. 27 - 38, hier S. 27.
[184] An Romanautoren und ihre Kritiker, S. 350. Hervorhebung von mir.
[185] Ebd.
[186] Ebd.

"Wadzek war von kleiner Statur, hatte breite Schultern, einen starken Brustkorb. Sein Gesicht zeigte frische Farben der Wechsel von Blässe und Töte zeichnete es aus. In der letzten Zeit war es meist lebhaft gerötet, auch unter den Augen und zu Seiten der Backen unnatürlich geschwollen. Flachhelles Haar wuchs ihm in den Büchseln auf dem langen Schädel. Sein Spitzbart hatte goldroten Schimmer [...]."[187]

Dies erweckt den Eindruck, daß der Erzähler anhand Zeitlupenaufnahmen die kleinsten Details über die Gestalt Wadzeks analysiert. Detailliert ist auch das Portrait der Frau Pauline in ihren alltäglichen Geschäften:

"Sie ließ die Küchentüren offen: stampfte zwischen Spind und Herd. Herdeeinsätze polterten auf den Steinboden, wurden mit übertriebener Erregtheit wieder gegen ihre Häcken gestoßen. Wasser sprudelte aus der Leitung in den Kaffeekessel; als Frau Wadzek der Kessel zu singen anfing, drehte sich Frau Wadzek dicht an der Tür auf einem Schemel die Kaffeemühle; das Knacken. Das dampfheiße Wasser warf seinen Deckel ab. Brühend wurde es ausgegossen über das braune Kaffeepulver, das die Frau hatte [...]."[188]

Ähnliche Passagen sind im Roman zu finden. Sie drücken die neutrale Wiedergabe des Handelns und des Tuns beider Figuren aus, was dazu führt, daß die Gedankenabläufe der betreffenden Figuren neutral geschildert wird. Kurz vor dem Zusammenbruch der Fabrik von Wadzek heißt es zum Beispiel:

"Wenn Rommel schon einen schriftlichen Auftrag an irgendjemand, an Abbeg, Wadzeks Wechsel zu kaufen, und wenn man den einzelnen Auftrag hintertrieb oder verhinderte, was war getan? Nichts, gar nichts."[189]

Es handelt sich hier um ein weiteres Beispiel der neutralen Wiedergabe von Gedankenabläufen der Hauptfigur. Von Anfang bis Ende des Romans bezieht der Erzähler eine neutrale Position. Dafür spricht vor allem die Verwendung des epischen Präteritums, das das „Jetzt" des Ausgesagten[190] signalisiert und dazu dient, die präteritale Wirklichkeit wiederzugeben. Dabei schildert der Erzähler nur das, was er wahrnimmt oder erfährt, ohne die Erzählung mit essayistischen Reflexionen und Kommentaren zu unterbrechen. Dieser Erzählstandort bietet ihm die Möglichkeit, von äußeren und inneren Vorgängen der

---

[187] „Wadzek", S. 381.
[188] „Wadzek", S. 129.
[189] Ebd.
[190] Vgl. hierzu Vogt, Jochen: Bauelemente erzählender Texte in: Arnold Heinz, Sinemus, Volker: Grundzüge der Literatur- und Sprachwissenschaft, Band 1, 8. Auflage, 1986, S. 227-2 Vogt, Jochen: Bauelemente erzählender Texte in: Arnold Heinz. Sinemus, Volker: Grundzüge der Literatur- und Sprachwissenschaft, Band 1, 8. Auflage, 1986, 1973, S. 227 - 242, hier S. 230.

Figuren zu berichten. Als Technik zum Ausdruck dieser Neutralität gelten hier die direkte und indirekte Redewiedergabe, die jegliche Art von Subjektivität des Erzählers ausschließen. Der Gebrauch des Konjunktiv dient hier als grammatisches Mittel in der Suche nach der Objektivität des Dargestellten. Anläßlich der Fusionierungsgerüchte der Firma von Wadzek mit dem Rommelschen Trustsystem heißt es:

> „Es war Herrn Wadzek nicht unbekannt, daß ihre Firma versuchsweise zwei Dynamomaschinen mit Turbinenantrieb eingestellt habe [...] Die Unterstation habe mit einer ganz auffälligen Gewinndifferenz gegenüber den Stationen allen Systems gearbeitet. Es beliefe sich diese Differenz so auf und soviel und zwar verteile sich diese Summe, wie folgt: Die Chefingenieure seien von der Betriebssicherheit und Leistungsfähigkeit des neuen Turbosystems völlig überrascht. Man würde vorderhand jedenfalls keine neue Maschine mit Kolbenstoß einstellen, sofern nicht die weitere Prüfung im Versuchsfelde anders belehre."[191]

Von den Fusionierungsabsichten von Rommel ist hier die Rede. Erzählt wird in indirekter Rede und im konjunktivischen Modus, wodurch der Erzähler sich von dem Bericht distanziert. Diese rapportierende Redeweise zielt auf die Objektivität des Sagens und der Gedankenvorgänge einer dritten Person ab. Dabei schaltet sich der Erzähler nicht unmittelbar in das Geschehen ein: Im Gegenteil; er bleibt vorsichtig:

> „Er [Wadzek] wüßte nicht, ob er noch einmal Veronal nehme. Er wüßte nicht, ob er seinen Plan bis zur Entscheidung durchführen würde [...] Ob er den Plan durchführen werden können, sei ihm zweifelhaft. Standhaft sei er, das zu bestreben, möge niemanden auf der Welt einfallen. Er würde schon, wenn er sich vorgenommen hätte, und es darauf ankäme und wenn es bis Weihnachten ginge."[192]

Der Erzähler wird in dieser Hinsicht zum Reporter, der als Augenzeuge, der Fakten und aktuelle Vorgänge und Ereignisse aus unmittelbarer Nähe berichtet.[193] Damit wird ihm möglich, die nachprüfbare und sachliche Wirklichkeit darzustellen,[194] sei es aus einer Innen- oder aus einer Außenperspektive. Insofern bezieht er eine allwissende gottähnli-

---

[191] „Wadzek", S. 35.
[192] Ebd., S. 148.
[193] Vgl. hierzu Horst, Becke: Gebrauchtexte in: Ludwig, Arnold Heinz; Sinemus, Volker (Hrsg.): a.a.O., S. 336.
[194] Vgl. hierzu Gero (von), Wilpert: a.a.O. S. 765 unter „Reportage".

che, ja olympische Position, führt jedoch nicht eigene Kommentare in das Romangeschehen ein, sondern läßt sehr oft die Romanfiguren zu Wort kommen.[195]

Daher hat der Erzähler keinen Einblick in die Psyche der Hauptgestalten. Auch über ihre seltsamen Verhaltensweisen und Handlungen liefert er keine psychologischen Erklärungen.[196] Dabei fehlt im Wadzek-Roman die spezielle Reinheit der Erzählperspektive, die für den Roman des 20. Jahrhunderts typisch ist: das heißt die Verwendung einer einzelnen subjektiven Erzählpsyche, durch deren Filter der Leser das ganze Romangeschehen wahrnimmt.[197] Stattdessen kommt es stets zum Perspektivenwechsel, wobei schnell verlaufende Bilderzahlen, wie Filmsequenzen auf einem Bildschirm und mit großer Geschwindigkeit multiperspektivisch sich darstellen. Das würde eine objektive Erfassung des Romangeschehens erlauben, insofern als es zur Entpsychologisierung kommt. Es stellt sich heraus, daß „Depersonation" und Objektivität die Grundpfeiler der Romankonzeption Döblins sind, die er in Wadzek anzuwenden versucht. Es wäre hierzu interessant zu wissen, welche historische Funktion die Romankonzeption von Döblin im literaturtheoretischen Zusammenhang der Zwischenkriegszeit spielt.

Mit der Suche nach Objektivität und Depersonation wollte Döblin das Problem der literarischen Kommunikation lösen. Als Döblin *Wadzek* schrieb, gab es eine Reihenfolge von Ereignissen, die die literarische Kommunikation beeinflußte. Sigmund Freuds Entdeckung des Unterbewußten in der Psychoanalyse führte dazu, daß Stilzüge, Bilder, Symbole, Motive und Strukturen von Kunstwerken eines Autors immer wieder im Hinblick auf seelische Komplexe, unbewußte Wünsche und verdrängte Vorstellungen und Phantasie analysiert wurden.[198]

So wird die Persönlichkeit eines Autors aus seinen Kunstwerken erschlossen. Dementsprechend versteht sich jede Interpretation als Projektion der eigenen Psychosen.[199] Auf dieser hermeneutischen Basis entstand eine Psychologie der literarischen Kommunikation,[200] in der die Persönlichkeiten des Lesers und des Autors als Instanzen

---

[195] Der Erzähler im „Wadzek" ist zwar auktorial, bezieht jedoch eine neutrale Position zum Geschehenen.
[196] „Wadzek", Nachwort des Herausgebers, S. 379 f.
[197] Ebd.
[198] Vgl. hierzu Gero (von) Wilpert, a.a.O. S. 727 unter „Psychoanalytische Literaturwissenschaft".
[199] Ebd.
[200] Vgl. hierzu Groeben, Norbert: Literaturpsychologie in: Arnold, Ludwig Heinz (Hrsg.): a.a.O., S. 336.

des Produktions- und Rezeptionsprozesses zu analysieren sind. Damit wird jede Form des Lesens und des Schreibens immer problematischer. Mit solch einer Interpretationsweise setzt sich der Romantheoretiker Döblin auseinander. In seinem Essay „Reform des Romans" (1919) schreibt er nämlich:

> „Es ist also verfehlt, das Gesetz eines Kunstwerkes oder dieses neuen Kunstwerkes im Autor zu suchen."[201]

Es läßt sich fragen, ob man ein Kunstwerk verstehen kann, wenn man dessen Autor und dessen Rolle im Schaffensprozeß nicht mitberücksichtigt. Daher hat solch eine Aussage nur einen heuristischen Wert. Auf jeden Fall geht es um einen Verarbeitungsprozeß, in dem der Autor seine Erfahrungen zu ästhetisieren versucht.

Im Hinblick auf das Problem der literarischen Kommunikation sollte die Ästhetisierung solcher Erfahrungen den Erwartungen der Leser entsprechen. Zwischen den beiden Kriegen war es erforderlich, die neue Realität der hochindustrialisierten Gesellschaft in literarischen Werken wahrnehmbar zu machen. Denn die mit der bürgerlich-aufklärerischen Literatur verbundenen Werte kamen den Lesererwartungen entgegen. So geschah es, daß viele Leser sich immer weniger für diese alte Belletristik interessierten. Die Entwicklung der Industrialisierung, der Filmkunst und der Unterhaltungsliteratur führte zur Entstehung einer Kluft zwischen dem Autor und seiner Leserschaft. In dem Roman *Wadzek* versucht Döblin dieses Kommunikationsdefizit zu überwinden, indem er sich der Technik der Collage und der Montage bedient, um das Interesse seines Lesers zu wecken. Dies tut er, indem er Dokumente und Textfragmente verwendet, die nicht von ihm erfunden sind, sondern unabhängig von ihm in der Welt des Lesers existieren.[202]

Damit setzt er sich mit der lange von dem Bürgertum „raffiniert gezüchteten Leseunfähigkeit des Publikums"[203] auseinander. Für Döblin, der noch 1913 behauptete, der Roman habe nichts mit der Handlung zu tun,[204] und der, wie schon angesprochen, jede Psychologie im Roman ablehnte, ist diese Auseinandersetzung nichts anders als eine Kritik an der traditionellen literarischen Kommunikation. Döblin verweigert sich zum Bei-

---

[201] Döblin, Alfred: Reform des Romans in: Demetz, Peter (Hrsg.): Worte und Freiheit, S. 356 - 360, hier S. 359.

[202] Vgl. hierzu Deffo Tene, Alexandre: Die Problematik der Inhumanität in Alfred Döblins „Berlin Alexanderplatz" und in Sony Labou Tansis „L'anté-peuple", Mémoire de maîtrise, Université de Yaoundé, 1989 - 1990.

[203] Döblin, Alfred: Bemerkungen zum Roman, a.a.O., S. 353.

[204] Ebd.

spiel die Geschichte eines Einzelnen in seinem Roman, sondern erstellt, wie schon erläutert , eine Vielfalt von Lebensgeschichten. Mithin kann der Leser nicht mit der Hauptfigur sich identifizieren. Vielmehr sollen die Montage- und Collagetechniken den Leser zum Nachdenken bringen. Sie erfüllen eine verfremdende Funktion und dies erfordert eine andere Sprachkonzeption, die das Bewußtsein der Figuren zu reflektieren vermag. Es geht um eine sprachliche Konzeption, die untrennbar mit einer ideellen Konzeption des Kampfes verbunden ist. Im Jahre 1954 schreibt Döblin dazu:

„Der Autor muß sprechen bzw. schreiben. Er möchte sprechen bzw. schreiben und es begibt sich das Erstaunliche, daß ja schon beobachtet ist. Man [...] tritt im Moment, wo man spricht und schreibt [...] auf eine andere geistige Ebene."[205]

Die Kampffunktion der Sprache ist in dem Roman *Wadzek* manifest. Zu unterscheiden sind drei Sprach- und Stilebenen, die je nach der Situation von Romanfiguren gehandhabt werden. Neben der Normalsprache werden auch die Umgangssprache und das Berlinische verwendet. Von großer Bedeutung sind aber die beiden Sprachebenen die als Gegengewichte zur Mormalsprache gelten: anläßlich seiner Verhaftung muß Wadzek auf die Fragen der Polizei antworten. Dabei macht er von der Umgangssprache und von dem Berlinischen Gebrauch:

„Weiß ich. Is bloß'ne Frage."

„Ne, wir bilden eine Gemeinschaft für uns alleene."

„Die Brieder, ihr kennt jetzt gehen, verstande du? Was, was is, Bei mir ist nichts zu machen. Wenn ick sage. Gibt nicht aus, gibt's se eben nich."[206]

Auch bei der Schlägerei zwischen Wadzek und Phillip, dem Sohn der Vermieterin Litgau wird das Berlinische gebraucht. Währenddessen bedient sich Wadzek der Umgangssprache:

„Ick wolte ja nicht von Ihnen. Ick kennt Ihnen ja nicht."[207]

So äußert sich Phillip kurz vor der Schlägerei. Darauf antwortet Wadzek:

---

[205] Döblin, Alfred: Die Sprache im Produktionsprozeß in: Karlheinz, Daniel (Hrsg.): Über die Spracherfahrungen, Erkenntnisse deutscher Schriftsteller des 20. Jahrhunderts, Bremen, S. 327 - 332, hier S. 327.
[206] „Wadzek", S. 175 f.
[207] Ebd., S. 25.

„Und darum rennst du verlogenes, oh du verlogenes Biest. Stundenlang [...] mir stichst du, was mir gehört und schämst dich nicht. Du Biest, weiß du, wie das vierte Gebot heißt [...] Deine Mutter hat dich hergeschickt und der hat hergeschickt, und den hat dich hergeschickt, was geht mich an."[208]

Geschöpft wird aus verschiedenen Sprachregistern und nicht nur aus der Normalsprache bzw. dem Hochdeutschen. Daß die Sprache hier als Kampfmittel fungiert, zeigt vor allem die Tatsache, daß Döblin das Berlinische und die Umgangssprache in den Mund derjenigen Romanfiguren legt, die sich gegen sie bedrohende Mächte zu wehren haben. Einerseits muß Wadzek der Polizei entgegentreten, andererseits muß der Junge Phillip gegen Wadzek kämpfen. Am Beispiel der Verwendung des Berlinischen und der Umgangssprache durch beide, wird die Auseinandersetzung von Döblin mit dem ausschließlichen Gebrauch der Normalsprache klargemacht. Am deutlichsten tritt dies in der Nichtbeachtung der traditionellen Logik, der normativen Syntax, hervor. Manchen Passagen fehlt es einfach an einer normalen Interpunktion. Die folgenden Passagen machen dies deutlich:

„Die Gitschiner Straße herunter. Belleallianzplatz. Fuhr die Friedrichstraße hinauf. Querstraße, vor der Filiale, in der Schneemann angestellt war."[209]

„Es war heiß. Menschen gingen durcheinander, Kinder fuhren Rollstuhl auf dem Asphalt. Rollenwagen neben Rollenwagen. Auf den Chausseebäumen Staub. Da er Eile hatte stieg er in ein Auto. Er fuhr in die Nähe der Rommelschen Fabrik."[210]

Auch hier geht es um eine Abweichung von der normativen Sprache, da es hier sehr oft an Verben und Subjekten fehlt. Man stellt also fest, daß der Kampf im Roman nicht nur ökonomisch, soziopolitisch, literarästhetisch, sondern auch sprachlich wird. Dadurch wird die Mehrdimensionalität des Kampfes deutlich.

---

[208] Ebd.
[209] „Wadzek", S. 25.
[210] Ebd., S. 61 f.

3 DRITTER TEIL - DÖBLINS KRITIK DER BÜRGERLICH-KAPITALISTISCHEN EINDIMENSIONALEN WELTSICHT AM BEISPIEL VON *WADZEK*

3.1 Zur Analyse Wadzeks Stellungnahmen zur Technik

Daß die Hauptfigur Wadzek sich für das Technische interessiert, ist nicht mehr zu bezweifeln. Dafür spricht sein Festhalten an dem geistigen und auch wirtschaftlich-technischen Konkurrenzkampf. Wadzek, der Unternehmer und Techniker, wird im Moment seiner wirtschaftlichen Niederlage tatsächlich zum Ideologen der Technik. Seine Konzeption des Technischen formt sich allmählich im Laufe des Konkurrenzkampfes und geht also über mehrere Stufen oder Stationen seines Lebens. Die allererste davon ist der Besuch des Patentamtes. Dabei erkundigt er sich nicht nur nach neuen, möglicherweise auch für ihn wichtigen technischen Erfindungen, sondern versucht Literatur zur Geschichte der Technik zu sammeln. So erfährt der Leser, daß er mit großer Begeisterung Watt und Stephenson liest und daß er mit Schneemann über das Heldentum jener Pioniere der Technik spricht.

Dieser Enthusiasmus wird vor allem in dem ersten und zweiten Buch des Romans wahrnehmbar. Dies ist der Fall, wenn Wadzek es versucht, mit Hilfe seines Freundes und des Ingenieurs Schneemann einen neuen Maschinentyp zu erfinden, der qualitativ den von Rommel am weitesten übertreffen wird. Aufgrund dessen könnten die beiden ersten Bücher des Romans als Lobhymne für Technik betrachtet werden. Im Gegensatz dazu bilden die beiden letzten Bücher eine deutliche und scharfe Kritik an dem Technischen. Unter Berücksichtigung der Entwicklung der Hauptfigur ist festzuhalten, daß sie sich mit ihrer eigenen Konzeption der Technik auseinanderzusetzen hat. Daraus erwächst eine neue Haltung dem Technischen gegenüber. Dieser Übergang von einer alten zu einer neuen Konzeption wird durch das Spiegelmotiv am deutlichsten. Wadzek zerschlägt dabei sein Spiegelbild. Dadurch drängt er seinen eigenen Enthusiasmus fürs Technische zurück. Wie schon angedeutet, fällt dies mit der Verschärfung seiner psychotischen Krise zusammen.

Es ließe sich deshalb fragen, ob diese Auseinandersetzung mit dem Technischen im Grunde genommen nichts anders als die Selbsteinschätzung und der Kult des Heldentums zu betrachten ist. Auch in dieser Hinsicht könnte man sich fragen, ob die technischen Gesichtspunkte von Wadzek nicht etwa Ausdruck seiner persönlichen Rachegefühle sind. Das Problematische daran wäre die Frage, ob die Begeisterung fürs Technische auf die Selbstbehauptung oder auf die Vertretung eines über seine individuellen Bestrebungen hinausgehenden höheren Ideals zurückzuführen ist. Bei Döblin aber tritt der Einzelne nicht an und für sich, sondern immer als Kollektives auf. Im Hinblick darauf gilt Wadzek als „exemplarisches Opfer der Industriegesellschaft".[211] Wenn er Rommel kritisiert, so greift er den Vertreter des Trustsystems und somit der bürgerlich-kapitalistischen Gesellschaftsordnung an. Dabei wird deutlich, daß er selbst zum Repräsentanten des Kleinunternehmertums und des Kleinbürgertums wird.

Die Frage, ob die Kritik der Technik nicht einfach mit der „Explosion [der] inneren Triebkraft"[212] von Wadzek zusammenfällt, ist relevant. Es liegt hier die Vermutung nahe, daß er in seiner Kritik an dem Technischen von einer unbekannten anonymen und unsichtbaren Macht geführt wird. In manchen Stationen erlebt Wadzek abrupte Veränderungen psychologischer Art. Hieraus läßt sich fragen, ob er noch Herr seines Selbst ist oder ob eine ihm fremde Realität sein Ich zu überwältigen versucht und ihn damit in eine absolute Fremdheit hineinstellt, die zugleich Leben und Tod, und Nichts und Sein bedeutet.[213] Auf jeden Fall ist, wie schon angedeutet, diese Fremdheit auf die gesellschaftlichen Bedingungen, unter denen die Hauptfigur lebt, zurückzuführen. Ihr Schicksal wird ebenfalls durch die bürgerlich-kapitalistische Gesellschaftsordnung geformt, und dagegen wehrt sie sich. Der Vertreter dieser Gesellschaftsordnung nämlich Rommel ‚versucht seinerseits dem Einzelnen Wadzek verständlich zu machen, daß er selbst für sein eigenes Schicksal verantwortlich ist, weil er Pech habe.[214] Natürlich könnte man in mancher Hinsicht Wadzek hier für schuldig halten, weil er neue Erfindungen nicht hat machen können. Aber im allgemeinen läßt sich sein jetziges Schicksal mit der Wirtschaftspolitik des bürgerlich-kapitalistischen Staates begründen. Sie besteht in der unkontrollierten Liberalisierungspolitik, was nur den Großunternehmen Chancen zur Entfaltung bietet.

---

[211] Müller, Salget, S. 84.
[212] Ribbat, Ernst, S. 187.
[213] Ebd., S. 193 f. Man denke hier lediglich an den psychotischen Zustand der Hauptfigur und an sein abnormes Verhalten.
[214] Vgl. hierzu „Wadzek", S. 17.

Damit werden jene Interpretationsversuche relativiert, die dazu tendieren, alle Mißerfolge nur auf das Tun und Handeln der Hauptfigur zu beziehen. Man müßte einsehen, daß seine Handlung von der Härte des gesellschaftlichen Systems abhängt. Insofern muß eine Reaktion daraus erwachsen. Gerade die Kritik an der Technik konstituiert diese.

„Mit Zahlen konnte ich mich vielleicht verrechnen. Aber mit Menschen - [...].
Der Kernpunkt ist: man arbeitet nicht für die Arbeit, sondern für das Leben.
Für Menschen [...]. Ein Mann muß man sein. Sein Ziel muß man haben. Die
Fabrik ist kein Ziel. Rommel überwinden ist kein Ziel."[215]

So erklärt Wadzek Gaby seine anti-technischen Gesichtspunkte, kurz nach seiner Entscheidung, Lehrer an einem Pädagogium zu werden. Das Verlassen seines ehemaligen Berufs bedeutet, daß er seinen ehemaligen Status als Techniker abwertet. Desweiteren wird er seine Niederlage eingestehen und sich mit der Technik um der Technik willen auseinandersetzen. Als ehemaliger Techniker und potentieller Lehrer plädiert er für die Humanisierung der Technik.

„Ich werde Lehrer. Ich habe die technische Kenntnis und allgemeine Erfahrung. Die aus dem Leben quellende moralische Erfahrung, Technik kann nicht ohne Moral betrieben werden, besonders Technik nicht. Ein ganzer Mensch muß hinter dem Techniker stehen. Das ist meine Überzeugung."[216]

Plädiert Wadzek für eine Humanisierung der Technik, so verlangt er die Bildung eines neuen Typs von Technikern, die zugleich Morallehrer sein werden. Aufgrund dessen richtet sich diese Kritik ebenfalls gegen das übertriebene Spezialistentum und gegen jede Form der technischen Euphorie:

„Ich zeige, ich demonstriere, ich bin Techniker nach der Methode Wadzek.
Dürre Klötze die Lehrer drüben; die Zirkel, die Drähte, die Maschinen, die sie
in den Händen haben, totes Werkzeug. *In ihren Händen ist alles Material.
Die Technik ist frech und toll geworden. Sie kann noch einen Sinn haben.*"[217]

Kritisiert wird in dieser Passage das Spezialistentum, das die technischen Hochschulen kennzeichnet. Demzufolge hat Wadzek die Absicht, ein Konkurrenzinstitut zu gründen, das die Technik in die gesamte soziale Wirklichkeit einbeziehen wird. Dabei soll der Mensch der Beherrschung der Technik nachstreben. Dies sollte zunächst Sache des bürgerlich-kapitalistischen Staates und dann der Gegenstand seiner Vorlesung sein:

---

[215] „Wadzek", S. 237.
[216] Ebd., S. 238.

„Moral und Technik und so weiter *über tollgewordene Technik und so weiter, sagen wir, inhaltslose, nicht dirigierte Technik. Die Regierung muß sich um die Patente kümmern, sie muß das Recht, Erfindungen zu machen, einschränken.*"[218]

Mit Blick auf dieses Vorlesungsprogramm ist festzuhalten, daß die Erneuerung der technischen Bildung gefordert wird. Die Technik soll insofern nicht nur auf die Entwicklung des Materials an und für sich, sondern auch auf die Verbesserung der zwischenmenschlichen Beziehungen abzielen. Deshalb betrachtet Wadzek das Auto, also ein technisches Produkt als „Fehlgeburt"[219] schlechthin. Fener spricht er von einer europäischen „Technomanie"[220]. Die Frage ist, ob diese utopische Rolle der Technik tatsächlich Anwendung in der Ellbogengesellschaft des Romans findet. Man ist in dieser Hinsicht versucht zu sagen, daß zwischen den Wunschvorstellungen der Hauptfigur Wadzek und der Wirklichkeit der bürgerlich-kapitalistischen Gesellschaft eine Kluft besteht.

Analysiert man jedoch ihre Stellungnahme zur Technik, so wird deutlich, daß sie sich entwickelt hat. Daraus geht hervor, daß die Kritik an dem Technischen an die Stelle des Lobes für dasselbe tritt. Bezugnehmend auf die thematische Struktur des Romans geht es zugleich um einen Hohn- und Lobgesang auf die Technik. Dies bedeutet prinzipiell, daß Wadzek eine ambivalente Stellungnahme zur Technik hat. Das läßt sich mit seiner steten regressiven Haltung gegenüber der Technik erklären. Am Bord des Schiffes nach Amerika verehrt er zum Beispiel die Maschine, in der er sich befindet, gleichzeitig aber ironisiert er die Maschine als technisches Produkt und setzt sich mit dem Technischen überhaupt auseinander:

> „Nur die Maschine, ei, ei die sei menschlich oder männlich. Sie sei nur wunderbar. [...] Sie ist Blut von unserem Blut - sie erlöse. An dem Tag, an dem die erste Maschine gebaut wurde, sei die Freiheit in die Welt gekommen. Die Freiheit. Das Wunder des früheren Glaubens bringe nämlich nicht die Freiheit, sondern im Gegenteil das Wunder knechtet den Menschen [...]. Die Maschine habe menschliche Religion in die Welt gebracht."[221]

Hervorgehoben wird hier die Befreiung des Menschen vom Aberglauben. Dies geschieht durch den technischen Fortschritt. Gefeiert wird zudem die Befreiung des Men-

---

[217] Ebd., S. 238. Hervorhebung von mir.
[218] Ebd., S. 304. Hervorhebung von mir.
[219] Ebd., S. 275.
[220] Ebd., S. 238.
[221] Ebd., S. 331.

schen vom mythischen und religiösen Glauben, der besonders das vorindustrielle Zeitalter kennzeichnet. Mit anderen Worten wird hier ebenfalls der Sieg der Maschine und der Technik gefeiert. Dies findet statt in einem Moment, wo Wadzek sich von dem Lob für die Technik zu distanzieren versucht. Das könnte einerseits interpretiert werden als Regression zu seinen früheren Positionen. Es verdeutlicht andererseits seine ambivalente Position. Diese Position kann auf der ersten Ebene im Zusammenhang mit der Begeisterung Döblins für den Futurismus und auf einer zweiten mit Blick auf seine spätere Abwendung vom Futurismus erhellt werden.

3.2 Wadzeks Stellungnahme zur Technik: Ausdruck der Ambivalenz von Döblin zum Futurismus?

Döblins Begegnung mit dem Futurismus[222] liegt der Genese seines Romans zugrunde. Entsprechend seinem Engagement dafür sollte Wadzek ursprünglich als Lobhymne auf die Technik konzipiert werden. Dieses Engagement für ein futuristisches Grundthema, nämlich die Technik in der Großstadt Berlin, zeigt Döblin am Beispiel seiner Hauptfigur, die sich als Einzelner, intensiv für neue technische Erfindungen interessiert.

Döblin selbst scheint einen ähnlichen Weg gegangen zu sein. Seine Solidarität mit der futuristischen Bewegung ist in seinem Essay „*Die Bilder der Futuristen*" (1912) abzulesen:

„Der Futurismus, schreibt er, ist ein großer Schritt. Er stellt einen Befreiungsakt dar. [...] Er ist die Bewegung des Künstlers nach vorwärts."[223]

In seinem Essay „*Offener Brief an F.T. Marinetti*" (1913) rekonstruiert er seine erste Rezeption des Futurismus:

---

[222] Der Futurismus ist eine parallele Bewegung zum Expressionismus. Entstanden ist er in Italien und unter dem Einfluß von Nietzsche und Bergson. Die futuristische Bewegung wollte alles auf die Zukunft richten und einen Bruch mit der Vergangenheit vor allem im künstlichen, geschichtlichen, sprachlichen, literarischen und philosophischen Bereich. Sie suchte neue Formen der Weltaussage im Maschinenzeitalter. Vor allem sahen viele Futuristen in diesem Zeitalter die Hoffnung auf einen Neuanfang; diese Hoffnung basiert auf der Sicherheit, daß die technisch-wissenschftlichen Entwicklungen zur Verbesserung der Beziehungen zwischen Menschen und deren Lebensbedingungen führen könnten. Vertreter dieser künstlerischen Bewegung sind Marinetti, Govoni unter anderen. Die Bewegung trat stark für eine fortschrittliche Ideologie ein und löste sich 1924 in Kubismus, Dadaismus und Surrealismus auf. Diese Bewegung hatte eine revolutionäre Tendenz in Rußland. Viele deutsche Schriftsteller etwa August Schramm und Döblin unter anderen begrüßten am Anfang diese Bewegung. Vgl. hierzu: Gero (von) Wilpert: Sachwörterbuch der Literatur, Stuttgart 1989, S. 317. Unter „Futurismus".

[223] Döblin, Alfred: Bilder der Futuristen, in Demetz, Peter (Hrsg.): a.a.O., S. 214.

„Die Intensität und die Ursprünglichkeit, das Kühne und gänzlich Zwanglose schlug bei mir ein. Ich dachte mehrfach und sagte [...]: wenn wir in der Literatur so etwas hätten!"[224]

Solch ein Engagement für den Futurismus drückt sich vor allem in der Wahl eines futuristischen Themas, wie schon angedeutet, aus und im Verhalten einer Hauptfigur, die in den beiden ersten Büchern des Romans das futuristische Ideal verkörpert. Literaturästhetisch erinnern das Simultaneitätsprinzip, die Suche nach Objektivität ebenso wie die „Depersonation", von denen er Gebrauch im Roman macht, an die futuristische Ästhetik, die Döblin mit seinen Zeitgenossen Marinetti, August Schramm und Karl Kraus zu fundieren beabsichtigte.

In den beiden letzten Büchern seines Romans thematisiert Döblin die Opposition seiner Hauptfigur zur Technik. Auf eine ähnliche Weise wandte sich Döblin radikal von dem Futurismus, den er jedoch vom zu Beginn lobte, ab. Ihm war der Futurismus als einziger Maßstab der Kunst nichts anderes als „Epigonenzüchtung"[225]:

> „Sie [Marinetti] sind kein Vormund der Künstler. Das käme auf Epigonenzüchtung, auf ihrem Selbstmord hinaus. Sie meinen doch nicht etwa, es gäbe nur eine einzige Wirklichkeit, und identifizieren die Welt ihrer Automobile, Aeroplane und Maschinen, Gewehre mit der Welt [...]. Aber vergessen Sie nie, daß es keine Kunst, sondern nur Künstler gibt, daß jeder auf seine Weise wächst, daß einer behutsam mit dem anderen umspringen muß. Es gibt keine literarischen Massen und Universalartikel. Was man sich nicht selbst erobert, bleibt verloren. Gehen Sie nicht weiter auf Herdezüchtung [...]. Pflegen Sie Ihren Futurismus. Ich pflege meinen Döblinismus."[226]

Döblin kritisiert hier die futuristische Ästhetik, die alles uniformieren will. Diese betrachtet er als „üble(n) Ästhetismus":[227]

„Wir wollen doch nicht alle brüllen, schießen, knattern, Marinetti."[228]

Er setzt sich also mit dem futuristischen Kunstkanon auseinander. Vor allem reagierte er auf die Destruktion der Grammatik, für die Marinetti in seinem Essay „Die futuristische Literatur" (1912) plädierte:

---

[224] Döblin, Alfred, offener Brief an F. T. Marinetti in: Demetz, Peter, S. 343 - 348, hier S. 344.
[225] Offener Brief an F.T. Marinetti, S. 345.
[226] Ebd., S. 345 und S. 349. Hervorhebungen von mir.
[227] Ebd., S. 347.
[228] Ebd., S. 346.

„Man muß die Grammatik dadurch zerstören, daß man die Stubstantiva nach der Art ihrer Entstehung anordnet [...]. *Keine Interpunktion mehr.*"²²⁹

In dem Roman Wadzek erinnern Sätze ohne richtige Interpunktion an den futuristischen Stil, jedoch dominiert die normale Interpunktion, die daran erinnert, daß Döblin sich wirklich von dem futuristischen Kunstideal distanziert hat. Auf dieselbe Weise distanziert sich Wadzek von jeglicher Art von Engstirnigkeit, die mit seiner Euphorie für die Technik verbunden ist. Deshalb macht er sich das Anpassungsprinzip zu eigen:

„‚Es ist keine enorm wichtige Sache. Der Wind ist in gewisser Hinsicht ein Muster, ein Vorbild für die Menschen' [...] ‚Man muß sich nach ihm richten' [...] ‚das ist ein Irrtum. Wer ein bißchen Botanik kennt, ist anders orientiert. Treue Liebe bis zum Grabe: darin liegt der Irrtum' [...] ‚sehen Sie einen Fisch, einen Vogel. Er kann fliegen'. Sie müßte sich nach dem Wind richten, sich jedem Wettereinfluß anpassen; weil sie eben laufen können, darum erfrören sie im Winter. Blätter fallen ab, Blüten fallen schon ab. ‚Haben Sie schon gesehen, daß einem Menschen im Winter die Arme abfallen? Oder einem Vogel die Flügel? Sie fliegen einfach nach dem Süden. Man muß sich orientieren. Bodenständigkeit: das ist das Wichtigste. Man muß den Mut dazu haben. Die Fähigkeit, der Zeit, den Ereignissen, den Menschen zu folgen, wie eine Wetterfahne oder eine Feder oder jeder leichtere Gegenstand."²³⁰

Anhand der Natursymbolik erläutert hier Wadzek das Anpassungsprinzip, das seiner Lebensphilosophie zugrunde liegt. Dabei wird die Beweglichkeit zum Grundcharakteristikum von Lebewesen. Es steht im krassen Gegensatz zur Unbeweglichkeit von Pflanzen. Daraus ergibt sich, daß Lebewesen sich schnell ihrer Umgebung anpassen können. Auch Wadzek ist in der Vergangenheit diesen Weg gegangen. Dies geschah, als er noch neue technische Erfindungen machen wollte und nach dem Profitgewinn strebte. Dadurch ließ er sich in die Gewaltkur des bürgerlich-kapitalistischen Systems integrieren. Nun aber entgeht er dieser Gewaltkur, indem er nach Amerika reist. Damit hält er an seinem Charakter fest:

„Man braucht nicht den Charakter zu wechseln, man kann auch das Land wechseln. Das hat er [Rommel] sich räumen lassen [...] Mich wird er nicht zu seinem Macbeth machen."²³¹

---

[229] Marinetti, Fillipo Thomasius, die futuristische Literatur in: Peter Demetz, S. 193 - 200, hier S. 193 und 194. Hervorhebung von mir.

[230] „Wadzek", S. 303 f.

[231] „Wadzek", S. 335. „Macbeth", läßt William Shakespeare die gleichnamige Hauptfigur eine Reihe von Menschen ermorden. Das Ganze wird als triefhafte Handlung interpretiert. Dabei gehorcht Macbeth nicht seiner Vernunft. Wadzek will auch diesen Gewaltzyklus vermeiden. Damit vermeidet er das

Wenn man von der rein heilenden Funktion dieser Reise absieht, so läßt sie sich als Ablehnung der Anpassung in das bürgerlich-kapitalistische System interpretieren. So wird Wadzek zum Außenseiter, der Abstand von den in seiner Umgebung bestehenden Werten nimmt. Es läßt sich fragen, welche Bedeutung diese Distanz hat.

Im Zusammenhang mit Döblins anti-futuristischen Positionen könnte diese Frage beleuchtet werden, indem er eine Hauptfigur wählt, die die Technik und die damit verbundenen Werte hinterfragt, äußert er seinen Skeptizismus der technischen Zivilisation gegenüber. Es geht hier um eine Neubewertung des Technischen überhaupt. Dies tut schon Wadzek, wenn er am Ende des Romans deutlich fordert, daß der technische und der moralische Fortschritt Hand in Hand gehen müssen. In dieser Hinsicht wird der Widerspruch zwischen der technischen und der menschlich-gesellschaftlichen Entwicklung[232] im Wadzek-Roman thematisiert. Diese Diskrepanz haben manche Zeitgenossen Döblins einfach übersehen, weil sie unkritisch die futuristische Bewegung verehrten und somit nicht über negative Auswirkungen der unreflektierten Anwendung der Technik nachdachten.

Im Zeitalter der Industrialisierung ist jedoch solch ein Widerspruch augenfällig. In seinem Essay „Der Geist des naturalistischen Zeitalters"[233] (1924) bezeichnet er die Technik als „Dauerkrieg, permanente Eroberung der Welt, die ja grenzenlos ist."[234] Wichtig seien die neuen technischen Erfindungen, mit denen neue Probleme gekommen seien.[235] Döblin sieht hinter der Technik den „Imperialismus".[236] Außerdem berücksichtigt er, die

---

Schicksal des tragischen Helden. Vgl. hierzu Bomdiani, Laffont: Dictionare des Oeuvres de tous les temps pays, Paris 3ᵉᵐᵉ, Edition 1953, S. 294,

[232] Vgl. hierzu Pallus, Walter, a.a.O. S. 115.

[233] Döblin, Alfred: Der Geist des naturalistischen Zeitalters in: Demetz, Peter (Hrsg.): Worte in Freiheit, S. 361 - 368, hier S. 363. Es sei hier angemerkt, daß Döblin drei Perioden in der Menschheitsgeschichte unterscheidet. Die erste davon ist die theologische Periode, in der die Wissenschaft die des Jenseits ist, und in der Mensch auf Gott angewiesen ist. Die zweite Periode ist die metaphysische, in der die Wissenschaft des Jenseits, die Theologie da war, um das Praktische zu fungieren und sicherzustellen. Die letzte Periode nennt Döblin das „naturalistische Zeitalter", die von Anfang an durch die Technik geprägt wird. Sie ist gekennzeichnet durch ein „Durcheinander" und deren Bild ist „Barbarei, Unsicherheit und Pessimismus". Hier bewältigt die Wissenschaft und die Technik die Welt. Es ist hier festzuhalten, daß Döblin das von Auguste Comte entworfene „Dreistadiengesetz" noch einmal betont.

[234] Ebd., S. 363.

[235] Ebd., S. 364.

[236] Ebd., S. 366. Wenn Döblin den naturalistischen Geist als imperialistisch betrachtet, so denkt er an das Phänomen der industriellen Expansion und wird der wirtschaftlichen Konkurrenz, die zur imperialistischen Eroberung in Übersee und später zum ersten Weltkrieg in Europa führten. Man denke hier ebenfalls an das Phänomen der Bildung von peripheren Industriegebieten in Übersee, wo die wirtschaftliche Konkurrenz aktiv war. Damit kam es deutlich zur Errichtung jener eroberten Gebiete

Funktionäre der Technik als Mächte, die sich national und international und kriegerisch durchsetzen wollen."[237]

Anhand von Wadzeks Zwangsintegration in das Trustsystem erhellt sich die imperialistische Seite der technischen Zivilisation. Wie wir später zeigen werden, führt dies zur Entfremdung des Einzelnen. Während manche Zeitgenossen von Döblin, die für die futuristische Ideologie einstanden, in dem technischen Fortschritt der Jahrhundertwende das Zeichen eines neuen Anfangs sahen, der durch die Verbesserung der Lebensbedingungen des Menschen überhaupt markiert werden sollte, blieb Döblin dagegen kritisch und skeptisch dem technischen Fortschritt gegenüber. An die Stelle des unkritischen Lobs der Technik, die er noch in der futuristischen Euphorie begrüßt hatte, setzt er eine Reflexion über den Sinn des Technischen und über ihre sozialen und psychologischen Folgen für den Einzelnen. Man kann daraus schließen, daß die ambivalente Position der Hauptfigur in gewisser Hinsicht die von Döblin gegenüber dem Futurismus und der Technik reflektiert.

3.3 Zur Kritik der Vermassung und der Entfremdung im Roman: Ausdruck vom Döblinismus

Der Kampf von Wadzek ist nicht nur gegen das Maschinenwesen, sondern auch gegen die Masse gerichtet. In der Großstadtumwelt Berlin ist alles anonym geworden. So verliert der Einzelne immer mehr seine Bedeutung im Kollektiv der Großstadt. Die Integration von Wadzek in das Trustsystem bedeutet, daß er von der Masse eingegliedert wird. Von nun an hängt sein Schicksal nicht von ihm ab, sondern von Mächten, die ihm fremd sind, denn:

„Die Zukunft des Individuums hängt immer weniger von seiner eigenen Voraussicht ab und immer mehr von den nationalen und internationalen Kämpfen zwischen Machtkolossen [und] die Individualität verliert ihre ökonomische Basis."[238]

Da Wadzek vermaßt wird, ist sein Schicksal auf das Trustsystem angewiesen. In seinem Buch *Sociologie politique. Elements de science politique* (1977), beschreibt Roger

---

[237] zu Exporthändlern. Unter diesem Gesichtspunkt geschah die Arbeitsteilung zwischen den sogenannten „Entwicklungsländern" und den Industrienationen, wie sie noch heute erlebt wird.
Ebd. Diese Funktionäre der Technik sind vor allem Trustbesitzer, die die Innen- und Außenpolitik ihrer jeweiligen Länder zu beeinflussen versuchen.

[238] Horkheimer, Max: a.a.O., S. 240.

Gerard Schwartzenberger das Phänomen der Vermassung des Einzelnen in der fortgeschrittenen industrialisierten Gesellschaft wie folgt:

„[...] La societé surdeveloppée apparait de plus en plus comme une societé d'hyperrtrophie et d'uniformité. Hypertrophie d'abord, car pur fonctionner, cette societé se dote d'abord d'organisations de plus en plus gigantesques et massives: trusts, conglomérats et complexes industriels, appareils et effectifs militaires démesurément gonflés [...] Or pour fonctionner de base - c'est-à-dire les industriels soient standardisés comme les elements d'une machine. D'où l'uniformité croissante. Dans cette ‚societé de masse' l'individu devient le simple rouage d'une immense machine. Il cesse d'être un homme responsable pour devenir un numéro pour ordinateur, un pion, un objet [...] contraint, programmé, l'homme devient aliéné, étranger à luiméme, à sa nature [...] Cette societé d'hypertrophie et d'uniformité provoque de plus en plus ´un grand refus'."[239]

Im Anschluß an Schwartzenbergers Beschreibung kann man sagen, daß der Vermassungsprozeß auf die Gleichschaltung des Individuums abzielt. Zum Spielball von Massenorganisationen wie den Trusts, der Armee und sogar den politischen Parteien wird das Individuum. Am Beispiel der Hauptfigur Wadzek wird deutlich, wie der Einzelne allmählich in ein ökonomisches Gebilde wie das Trustsystem eingefügt wird. Das Ende des Romans zeigt aber, daß Wadzek aus dieser Massenorganisation herauszukommen versucht. Ironisiert wird also im Wadzek-Roman die Eingliederung des Einzelnen in Massenorganisationen.

Für den Antifuturisten Döblin, der noch in seinem Roman *Die drei Sprünge des Wang Lun* die systematische Eingliederung des Individuums in ein kollektives Kräftefeld feierte, bedeutet dies eine thematische Wendung. Dabei wird ersichtlich, daß der Wert des Einzelnen nicht unbedingt von seiner Integration in Massenorganisationen abhängt. Vielmehr könnte das Individuum an sich wertvoll sein. In dem Epilog ist zu lesen:

„Nachdem ich [Döblin] den Massenweg abgelaufen war, wurde ich für den Einzelmenschen, den Menschen geführt."[240]

Konsequenterweise wird er in dem Wadzek-Roman und in späteren Werken sein Augenmerk auf die Entwicklung des Einzelmenschen richten. Jedoch geschieht dies nicht

---

[239] Schwartzenberger, Roland Gerard: Sociologie Politique. Elements de Science Politique, Paris Flammarion 1977, S. 394 f.

[240] Döblin, Alfred: Zitiert nach Keller, Otto (Hrsg.): Döblins Montage als Epos der Moderne. Die Struktur der Romane „Der schwarze Vorhang", „Die drei Sprünge des Wang Lun" und „Berlin Alexanderplatz", München 1980, S. 201.

etwa wie im traditionellen Roman. Denn der Einzelne gilt nicht mehr als Referenzgegenstand, sondern vielmehr als eins unter vielen Beispielen. So zeigt Döblin, daß es nicht nur die Möglichkeit der Entfaltung in der Masse ist, daß der Einzelmensch im Zeitalter von Massenideologien noch autonom denken kann. In der chaotischen Realität der Großstadt Berlin werden Wadzek zum Beispiel nur wenige Chancen der Selbstentfaltung gegeben. Es läßt sich also fragen, wie das Individuum sich verhalten wird. Außerdem scheint die Wendung zum Einzelmenschen im Zusammenhang mit den anti-futuristischen Überlegungen Döblins widersprüchlich zu sein. Für den Feind jeglicher Romanpsychologie könnte dies als Verzicht auf seine Romankonzeption interpretiert werden. Demzufolge würde das heldische Ich gefeiert. Man könnte in dieser Hinsicht Döblin vorwerfen, daß er sich auf die Geschichte des Einzelnen konzentriert. Täte er dies, so würde er dem bürgerlichen Kunstkanon folgen; es würde eine große Diskrepanz bestehen zwischen dem, was er theoretisiert ,und dem, was er in die Schreibpraxis umsetzt.

Fest steht jedoch, daß die Heldenverehrung im Zeitalter der Industrialisierung an Bedeutung eingebüßt hat. Daher könnte es paradox sein, der Kult des Individuums zu feiern, in einer Zeit, in der der Einzelne nicht mehr Bezugspunkt ist. Bei der Frage, ob das Individuum und somit das Heroische in der Massengesellschaft noch zu bewerten ist, bleibt Döblin vorsichtig. In seinem Essay über Joyces *Ulysses (*1928) schreibt er:

> „Das Heroische überhaupt, die Wichtigkeit des Isolierten und der Einzelpersonen ist zurückgetreten, überschattet von den Faktoren des Staates, der Parteien, der ökonomischen Gebilde [...] *Ein Mann ist größer als die Welle, die ihn trägt.*"[241]

Hervorgehoben wird die Abhängigkeit des Einzelwesens von äußeren Faktoren, die als „Kollektivbestien der Moderne"[242] gelten. Kritisiert wird jede Form von Massenbewegungen, in die der Einzelne sich bewußt oder unbewußt integrieren ließe und hinter der sehr oft ein Einzelmensch steht. Dabei versucht Döblin unter dem Deckmantel der Kritik an dem Individualismus und der Verteidigung allgemeiner Interessen seine Aktion zu legitimieren. Umgekehrt ist zu fragen, ob jeder Alleingang des Einzelnen nicht ebenfalls zum Egoismus führt. Auf dieser Basis kann sowohl die Integration Wadzeks in die bürgerlich-kapitalistische Gesellschaftsordnung als auch die Ablehnung derselben problematisch sein. Denn von der Seite seines Gegners Rommel könnte argumentiert werden, daß dies wegen der Organisation und des Schutzes des Marktes geschieht. Wadzek hingegen

---

[241] Döblin zitiert nach Keller, Otto, S. 205. Hervorhebung von mir.

versucht mit der Humanisierung der Technik die Verteidigung eigener Interessen zu verschleiern. Man könnte in dieser Hinsicht daran zweifeln, daß das Individualistische Glücksstreben à la Wadzek mit einem höheren Ideal tatsächlich zusammenfällt. Aufgrund dessen kann behauptet werden, daß Döblin durch die Darstellung dieser Ambivalenz sowohl den europäischen Individualismus und das damit zusammenhängende Heldentum als auch die systematische Vermassung des Einzelnen unter die Lupe nimmt. Fest steht dabei, daß die Relation zwischen dem Einzelnen und der Masse problematisch ist. Insofern läßt sich fragen, ob die Sozialethik der bürgerlich-kapitalistischen Gesellschaft nicht im Widerspruch zu individuellen Bestrebungen steht.

In seinem Beitrag zum Expressionismusbegriff macht Christoph Eykmann darauf aufmerksam, daß dieser Bewegung kein konkretes Modell einer Gesellschaft vorliegt.[243] Daß eine solche Aussage zu allgemein und undifferenziert ist, zeigt die Technik und somit die Sozialethik, die Wadzek am Ende des Romans zu entwerfen versucht. Seine Vorstellungen einer besseren und menschlichen Gesellschaft[244] liegen darin begründet. Dabei zielt er auf die Entfaltung des Menschen durch die Technik und auf die Aufhebung zwischenmenschlicher Entfremdung[245] überhaupt ab. Umgekehrt versucht die Gesellschaft durch das Trustsystem auf ihre Weise dieser Entfremdung entgegenzutreten. Dies geschieht durch die Beseitigung der wirtschaftlichen Konkurrenz, die a priori das Ende des Individualismus und des Egoismus hätte bedeuten können. Denn eine Regulierung des Marktes wäre in diesem Kontext zu begrüßen. Im expressionistischen Sinne würde dies als ethischer Anspruch gelten, denn versucht wird, der „egozentrischen Vereinigung des Individuums"[246] standzuhalten; dabei bestünde die Möglichkeit des Übergangs von den persönlichen zu allgemeinen Zielsetzungen. Fragt man jedoch nach der juristischen Legitimation der Auslöschung des Individuums Wadzek im übergeordneten Sozialgebilde, wie dem Trust, so stößt man gerade auf Schwierigkeiten. Denn erst der Einsatz von Gewalt ermöglicht diese Auslöschung. Daraus ist zu schließen, daß die Zwangsintegration tatsächlich nur durch die Wahrnehmung und die Verteidigung der Interessen des Großunternehmertums oder des Großbürgertums geschieht. Die Folge davon ist, daß Wadzek

---

[242] Ebd., S. 206.
[243] Vgl. hierzu Eykmann, Christoph: Zur Sozialphilosophie des Expressionismus in: Rötzer, Hand Gerd (Hrsg.): Begriffsbestimmung des Literarischen Expressionismus, Darmstadt 1976, S. 447 - 468, hier S. 447.
[244] Ebd.
[245] Ebd., S. 445.
[246] Ebd., S. 454.

sich am Rande der Gesellschaft entwickeln muß. Einen individuellen Weg muß er gehen. An dieser Stelle preist Döblin keineswegs den Individualismus. Vielmehr will er zeigen, wie das Individuum auch in der Massengesellschaft noch als „Träger der gesellschaftlichen Erneuerung"[247] gilt. Dabei konzipiert er neue Gesellschafts- und Bewußtseinsstrukturen, die in seiner Umgebung mehr oder weniger Anwendung finden. Insofern setzt sich Döblin mit dem primär egoistischen Individualismus auseinander, der nur auf die Entfaltung des Einzelnen allein abzielt. Man könnte sogar sagen, daß er für ein gemeinschaftlich denkendes Individuum eintritt, das sowohl seine als auch die Interessen der Gemeinschaft, der er angehört, berücksichtigt. Auf geistiger Ebene verkörpert Wadzek mindestens dieses Ideal am Ende des Romans. Dies ergibt sich vor allem aus seinen negativen Erfahrungen der Vermassung. Die Konzeption eines neuen Lebensideals könnte als Ausdruck der Entfremdung, die mit dem Vermassungsprozeß einhergeht, betrachtet werden. In seinem Versuch, der Vermassung zu entgehen, hat Wadzek eine gestörte Beziehung zu seiner Umwelt. In dieser Umwelt wird er entfremdet. Diese Entfremdung wird hier im marxistischen Sinne verstanden. Sie ist nach Manfred Buhr der Alfred Kosing (1975),

> „ein gesellschaftliches Verhältnis, in dem die Menschen von den durch ihre eigene Tätigkeit geschaffenen Positionen Verhältnisse und Institutionen als ihnen fremd und über ihn stehende Mächte beherrscht werden, deren blindem bzw. willkürlichem Wirken sie unterworfen sind."[248]

Am sichtbarsten wird die Entfremdung in dem Verhältnis von Wadzek zur Maschinenwelt. Sie wird zu einem satirisch zugespitzten Alptraum, und „die Welt, die Natur, die Gesellschaft - gleich einem tonnenschweren eisernen Tank [rollt] über die Menschen."[249]

Bei der Hauptfigur herrscht ständig „das Gefühl der Ohnmacht [und] des Ausgeliefertseins gegenüber der Natur und der Gesellschaft".[250] Die Folge davon ist die Orientierungslosigkeit. Dazu schreibt Roland Links:

> „Die Dampfturbine wird zum Fetisch, an dem der Mensch, ein hilflos zappelndes Insekt, an sein Schicksal hängt [...]. Wadzek ist der Typ des desorientierten, ohnmächtigen Menschen. Jedes Selbstbewußtsein fehlt ihm,

---

[247] Döblin zitiert nach Eykmann a.a.O., S. 447.
[248] Buhr, Manfred; Alfred Kosing: Kleines Wörterbuch marxistisch-leninistische Philosophie, Berlin 1975, S. 84. Unter „Entfremdung".
[249] Pallus, Walter: a.a.O., S. 115.
[250] Ebd.

nichts ist ihm mehr vertraut und glaubwürdig, alles wird unheimlich, zuletzt sogar die Gegenstände des Alltags."[251]

Roland Links spricht in dieser Hinsicht von der „Entfremdung des Menschen von den Dingen und von der Natur"[252]. Daher hat Wadzek ein Feindschaftsgefühl für diese Gegenstände:

„Die Klingel, die Bäume, der Zaun, die Blätter, alles sein Feind."[253]

Dieses Feindschaftsgefühl führt dazu, daß die Welt kein einheitliches Bild darstellt:

„Die Welt hat für Wadzek in ihre Bestandteile, die Dinge haben einen Anschein von Eigenleben erhalten und ‚wenden sich gegen ihre einstigen Schöpfer und bisherigen Herren'."[254]

Desweiteren läßt sich diese disparate Erfassung der äußeren Welt durch die Wahrnehmungsstörungen und die abnormen Verhaltensweisen legitimieren.[255]

Festzustellen ist, daß das Bewußtsein der Hauptfigur insofern durch die Dingwelt beherrscht wird. Denn unkontrollierte Gewalten der Natur und der Herrschaft engen das Bewußtsein des Menschen ein.[256] Am Beispiel der Hauptfigur ist klar, daß ihre ökonomische Niederlage und ihr Wunsch nach der Selbstbehauptung jeweils als äußere und innere Faktoren sein Tun und Handeln fremdbestimmen. Ernst Ribbat hat mit Recht festgestellt, daß Wadzek irrationalen und elementaren Kräften ausgesetzt ist:

„Die Erfahrung aber von einer unbekannten anonymen Macht geführt zu werden, macht vor allem Wadzek selbst an mehreren entscheidenden Stationen seines Lebens. Abrupte Veränderungen in seinem Leben beruhen nicht auf eigenen Entscheidungen, sondern auf Eingriffe einer ihm überlegenen ‚anderen Wirklichkeit', die sein Ich überwältigen, die ihm hineinstellen in die absolute Fremdheit seiner Sphäre, welche zugleich Leben wie Tod, zugleich Nichts wie Sein bedeuten kann."[257]

---

[251] Links, Roland, S. 58.
[252] Ebd.
[253] „Wadzek", S. 63.
[254] Links, Roland, S. 59.
[255] Vgl. hierzu Teil I, 1.3.2. der vorliegenden Arbeit.
[256] Vgl. hierzu Anz, Thomas: Die Problematik des Autonomiebegriffs in Alfred Döblins früheren Erzählungen in Arnold, August, u. a. (Hrsg.): Wirkendes Wort: Deutsche Sprache und Lehre. Zweimonatsschrift, Düsseldorf, 24. Jahrgang. November/Dezember 1974, S. 388 - 401, hier S. 388.
[257] Ribbat, Ernst, S. 186.

Diese Steuerung von Menschen durch unbekannte Kräfte kann nur zur Selbstentfremdung führen:

> „Auch er [Schneemann] trug Lodenmantel, den er sich am Nachmittag vorher in einer Nebenstraße gekauft hatte [...] dem Besitzer des Garderobengeschäfts würde auffallen, daß er sich an diesen trockenen und heißen Tagen einen Mantel kaufte. So nahm er den ersten Mantel, den ihm der geschwätzige Mann umlegte, ein Stück, das zu eng die Schultern straffte, lang schleppte. Der Mantel war für einen schlanken Goliath angefertigt [...]. Er stammelte: ‚Halt, halt - Wer? [...] ‚Mein Mantel ist zu lang'."[258]

Ein von Schneemann gekaufter Mantel steht ihm nicht gut. Dies bedeutet, daß er keine Kontrolle über sich selbst hat. Dafür spricht das Tragen des Lodenmantels in heißen sommerlichen Zeiten und in Friedenszeiten. Das ist jedoch nur geeignet für die Soldaten und für winterliche Zeiten.

Aus der Selbstentfremdung des Einzelnen ergibt sich dessen Dekomposition. So spricht Wadzek von verschiedenen Schneemännern.[259] Damit zerfasert er seinen Freund. Auch die persönliche Substanz von Wadzek ist deshalb gefährdet, weil seine Persönlichkeit eben gespalten ist. Es ist in dieser Hinsicht zu unterscheiden zwischen einem normalen und einem abnormalen Wadzek.

Es stellt sich deutlich heraus, daß die Hauptfigur tatsächlich in ihrer Gesellschaft entfremdet ist. Sie ist aber nur ein Beispiel unter vielen, denn auch andere Romanfiguren wie Frau Wadzek und Herta erfahren auf ihre Weise den Entfremdungsprozeß. Es kann behauptet werden, daß der Versuch der Vermassung des Einzelmenschen in der Entfremdungserfahrung der Romanfiguren kulminiert. Dabei stehen die Vermassung und die Entfremdung in dialektischer Beziehung zueinander.

Dem Schriftsteller Döblin geht es keineswegs darum, die Vermassung und die Entfremdung, welche die Gefahren sind und denen der Künstler des Futurismus ausgesetzt wurde, zu loben. Er distanziert sich nämlich von der futuristischen Ideologie und versucht dann seinen „Döblinismus" zu fundieren: Dieser besteht darin, daß er sich auf zwei Ebenen mit den Vermassungs- und Entfremdungsstrukturen auseinandersetzt. Auf einer ersten Ebene versucht er den modernen Künstler von der Gleichschaltung und von dem Epigonentum zu befreien. Auf einer zweiten Ebene kritisiert Döblin die systematische

---

[258] „Wadzek", S. 81 f.
[259] Vgl. hierzu 2.2. der vorliegenden Arbeit. Da war die Rede der Namenssymbolik gewesen.

Vermassung und die Entfremdung des Individuums in fast allen Lebensbereichen. Man könnte hier von einem Kampf gegen die bürgerlich-kapitalistische eindimensionale Weltanschauung sprechen.

3.4 Wadzek: Döblins Auseinandersetzung mit der bürgerlich-kapitalistischen eindimensionalen Weltsicht?

Kritisiert Döblin die Vermassung und die Entfremdung in allen ihren Aspekten, so nimmt er Erscheinungen des technischen Zeitalters unter die Lupe. Laut Döblin bringt die Technik nicht immer den gewünschten Fortschritt, sondern sehr oft ein umgekehrtes Ergebnis mit sich wie die Enthumanisierung und die Reduktion des Einzelnen zu einem Bündel von Instinkten[260]. Es kommt zur Bildung von systemkonformen Bürgern, deren Kreativität verdeckt wird, da die bürgerlich-kapitalistische Gesellschaft nur ihr Wertsystem als einzigen Bezugspunkt durchsetzen will. Deshalb ist hier jedes oppositionelle Verhalten[261] auszuschließen, denn

> „[die] Unabhängigkeit, die Autonomie, das Recht auf politische Opposition werden ihrer grundlegenden kritischen Funktion beraubt in einer Gesellschaft, die immer mehr imstande scheint, die Bedürfnisse vermittels der Weise zu befriedigen, in der sie organisiert ist. Eine solche Gesellschaft kann mit Recht verlangen, daß ihre Prinzipien und Institutionen hingenommen werden und kann die Opposition auf die Diskussion und Forderung alternativer politischer Praktiken innerhalb des Status quo einschränken."[262]

Marcuses Diagnose der fortgeschrittenen Industriegesellschaft läßt sich auf Wadzek anwenden. Am Beispiel der Hauptfigur zeigt Döblin, wie der Einzelne dazu gezwungen wird, nur innerhalb eines bestimmten Rahmens, nämlich des Trustsystems sich zu entfalten. Es geht aber nicht um eine wahre Entfaltung, sondern vielmehr um eine systematische Gleichschaltung ökonomischer, soziopolitischer und sogar literarischer Art. Dabei hat das Individuum sich nach den von führenden sozialen Kräften bestimmten Maßstäben zu richten. Es handelt sich also um eine vom Trust und kapitalistischen Staat organisierte Manipulation, die den Einzelmenschen zur Konformität zwingt. In diesem Zusammenhang werden sowohl das Trustsystem als auch der kapitalistische Staat zu totalitären Gebilden, die in der Tat die Lebensbedingungen des Individuums nicht verbessern, sondern es

---

[260] Schröter, Klaus, a.a.O., S. 75.
[261] Vgl. hierzu Marcuse, Herbert: Der eindimensionale Mensch. Studien zur Ideologie der fortgeschrittenen Industriegesellschaft. Frankfurt/Main 1988, 1967, S. 35.
[262] Ebd., S. 21 f.

gleichschalten, um ihre ideologischen Zwecke zu erreichen. Daher wird der technische Fortschritt selbst zu einem System von Herrschaft und von Gleichschaltung.[263]

Mittels seiner Schreibweise und seiner Themenwahl, bekämpft Döblin dieses System. Thematisch gesehen läßt er Wadzek gegen diese Herrschaft und dieses Gewaltsystem kämpfen. Die Amerika-Reise der Hauptfigur soll verdeutlichen, daß das Individuum entfliehen könnte. Auch seine Kritik an der Technik und der Entwurf einer neuen Ethik derselben sprechen dafür, daß es noch mehrere Alternativen für den Einzelnen gibt. Romantechnisch gesehen, führt Döblin in Wadzek neue Erzähltechniken ein, die vor allem, wie schon angedeutet, auf der Vielfalt von Lebensgeschichten, der Montage- und Collagetechnik sowie der Multiperspektivität basieren. Damit entwirft er neben der alten eine neue Schreibweise. Es ist in dieser Hinsicht kein Zufall, wenn er seinem Zeitgenossen Marinetti vorwirft, Künstlern einen engen und monomanen Begriff der Welt und der Kunstübung diktatorisch aufzwingen zu wollen.[264] Im Zusammenhang mit Döblins Futurismusrezeption wird exemplarisch im Wadzek-Roman der allzu enge, äußerliche materialistische und eindimensionale Realitätsbegriff kritisiert.[265] Dadurch distanziert sich Döblin von seinen Zeitgenossen, die sich unreflektiert für Massenideologie einsetzten. Man kann also daraus schließen, daß er die eindimensionale Weltsicht der bürgerlich-kapitalistischen Gesellschaft in Frage stellt.

---

[263] Ebd., S. 13.
[264] Vgl. hierzu Grass, Günter: Noch einmal Döblin und Marinetti in: Demetz, Peter, a.a.O., S. 114 - 132, hier S. 116.
[265] Vgl. hierzu Schwimmer, Helmut, a.a.O., S. 97 f.

4 VIERTER TEIL - ZUR PROBLEMATISIERUNG DES EIGEN- UND FREMDKULTURELLEN IM ROMAN

4.1 Zur Kritik am Eigenkulturellen

Das Eigenkulturelle bezieht sich hier auf die Kultur des Autors Döblin. Es impliziert nämlich seine Antithese das Fremdkulturelle. Der Kulturbegriff umfaßt hier alle sichtbaren und unsichtbaren Ergebnisse, die mit dem menschlichen Handeln, Wirken und Schaffen im Zusammenhang stehen. In dieser Hinsicht schließt der Kulturbegriff die Bereiche von Kunst, Wirtschaft, Politik, Moral, Wissenschaft, Religion und Technik ein.[266] Die hier vertretene These ist, daß jeder Schriftsteller an dem Bildungsprozeß der eigenen und fremden Kultur aktiv teilnimmt. Döblin ist in dieser Hinsicht keine Ausnahme, sondern ein Beispiel. Dabei wählt er Institutionen, die für seine Kultur repräsentativ sind. Einige dieser kulturellen Institutionen sind das Individuum, die Familie, die Wirtschaft, das Bürgertum und die Gesellschaft.

4.1.1 Döblins Kritik an der klassischen europäischen Tragödie

Die erste Kritik am Eigenkulturellen wird in seiner Auseinandersetzung mit dem abendländischen Heldentum manifestiert. Gewählt werden hier folgende Institutionen: das Theater und das bürgerliche Individuum. Durch das Medium des Theaters wird dieses Heldentum konstruiert, vulgarisiert und dem Individuum überliefert. Daher wird die Kritik am Heldentum zur Kritik an den Institutionen "Theater" und "Roman". Diese Kritik formuliert Döblin nicht nur auf der Ebene des Romans, sondern auch in zahlreichen Essays über den Roman. Auf der Ebene des Romans steht sie in Beziehung zu seiner Rezeption von Shakespeares *Macbeth*. Der Zusammenhang ist hier das Ende der Geburtstagsfeier von Frau Kochanski. In einem Gespräch mit Gaby erklärt er, warum er nicht daran teilnehmen konnte. Im Anschluß an dieses Gespräch weist er eine Regression auf, sofern er auf das Heldentum, das offenbar in den letzten Bücher des Romans überwunden hatte, ein er. Am Beispiel der Rezeption Shakespeares *Macbeth* durch seine Tochter Herta wird das Heldentum problematisiert. Er selbst hat die Entscheidung getroffen, die eigene Tochter hinzuschicken, bereut aber nun, diesen Entschluß gefaßt zu haben. Dies objektiviert sich in dem Gespräch mit Gaby:

"Sie [Gaby] kennen Macbeth? Von Shakespeare. Ich habe das Kind, Herta, neulich hingeschickt. Sie soll es ansehen. Es tut mir leid. Nicht gerade wegen dieses Stückes, sondern überhaupt. Tragödien sich anzusehen. Ist eine Lächerlichkeit. Es ist geschmacklos. Wer gewinnt dabei außer den Schauspielern, den Garderobepächter. Das Publikum soll man nicht an peinliche, schlechte Sachen gewinnen. Das Publikum sollte sich sagen, daß es sich nicht schickt, anzusehen, wie einen Mensch oder mehrere Menschen etwas nicht können. Ja, nicht können. Der Held kann etwas nicht können. Irgend etwas kann er immer nicht, ohne angeblich, wie man sagt, sein Herz zu zerbrechen. Wenn geht das etwas an. Über solche Dinge schweigt man. Es ist ein Manko, ein Gebrechen, ein Laster."[267]

Am Beispiel dieser Textstelle stellt die Hauptfigur "den tragischen Charakter"[268] sowie das theatralische Prinzip des Heldentums in Frage. Er fragt sich sogar, was das Heldentum nutze und ob die Japaner eigentlich eine Tragödie hätten.[269] In dem Konkurrenzkampf gegen Rommel ist er dem Heldentumprinzip unreflektiert nachgegangen. Nun zieht er die Konsequenzen. Er betrachtet sich nicht mehr als einen tragischen Helden, da er durch seine Amerikareise dem ihm von Rommel aufgezwungenen Schicksal sich entzieht.[270] Das Heldentumsprinzip und das tragische Ende des Helden gehen einher. Es ist im Grunde eine Konstruktion von Illusionen, die vom Rezipienten des Theaterstückes interiorisiert werden.

Es handelt sich allerdings um eine kritische Übernahme, weil der Theaterbesucher weder deren Hintergründe noch deren Implikationen hinterfragt. Neben dieser Kritik am Heldentum formuliert Döblin eine Kritik an der deutschen bzw. europäischen Familie.

4.1.2 Die Kritik an der deutschen Familie

Aus der Emanzipation von Pauline Wadzek wird exemplarisch ein Rollentausch in einer deutschen Familie in der Jahrhundertwende inszeniert. Wie ich schon oben erläutert habe, übt Döblin eine Kritik an der deutschen patriarchalischen Familie und an der Rollenverteilung in der bürgerlichen Familie. Aus dem Zusammenbruch der Familie Wadzek ist zu lernen, daß eine ungleiche Rollenverteilung in der Familie zum Zerfall des Familienkerns führen kann. Außerdem nimmt Döblin die Fundierung der Vaterrolle in der materiel-

---

[266] Vgl. Waldenfels, Bernhard: Lexikon der Religionen. Phänomene-Geschichte-Ideen, Freiburg u. a. 1995, unter "Kultur".
[267] Wadzek, S. 305.
[268] Ebd.
[269] Ebd., S. 306.
[270] Ebd., S. 235.

len Position unter die Lupe. Kritisiert wird ebenfalls die Institution Ehe nach bürgerlichen Vorstellungen. Für die beiden Ehepartner Wadzek und Pauline gilt offensichtlich die Ehe als sozialer Vertrag, der irgendwann gebrochen werden kann. Die Ehe wird dann zu einem Spiel, solange sie mit dem materiellen Status der Familie zusammenhängt. Dies bedeutet, die Ehe wird nicht in der Liebe fundiert, sondern im Geld. Kritisiert wird ferner die Säkularisierung der Liebe. Am Beispiel der Liebesbeziehungen im Roman wird deutlich, daß die Liebe sich von ihrem religiösen Sinne entleert hat. Der Familienvater Wadzek scheut sich keineswegs davor, seine Familie zu verlassen, um die frühere Mätresse seines Gegners, Gaby, als Lebenspartnerin zu nehmen. Auch sein Gegner, der schon eine Frau hat, hatte noch Gaby als Mätresse.

Im Wadzek-Roman wird die Liebe ständig banalisiert. In der Todeszeremonie wird der Tod des eigenen Ehemanns gefeiert. Skrupellos erklärt sie also den Mann für tot. Das heißt, die Liebe wird zeitweise zum Spiel. Wenn Wadzek Gaby im Schiff scherzend erklärt, er sei ein "verheirateter Mann", so ist er sich dessen bewußt, daß er es nicht ehrlich meint. Dadurch werden die Institutionen der Familie und der Heirat parodiert:

„Kein Wort sprach er über Herta oder seine Frau. Er hatte sie entweder vergessen, oder sie interessierten ihn nicht."[271]

Die perverse Entwicklung in der deutschen Familie ist auch Gegenstand von Döblins Kritik. Die negative Entwicklung zwischen beiden Ehepartnern einerseits und zwischen Kindern und Eltern andererseits wird im Roman angeprangert. Was die Beziehung zwischen beiden Ehepartnern anbelangt, ist die Respektlosigkeit zur Regel erhoben worden. Daher ist der Ehebruch kein Skandal mehr. Beide Kampfkonkurrenten lassen sich immer wieder auf ein neues sexuelles Abenteuers ein, ohne ihren Status als Ehemänner zu beachten. Diese mondäne Vorstellung der Ehe enthüllt der Romancier Döblin. Bemängelt werden außerdem die konfliktreichen Beziehungen zwischen Herta und ihrer Mutter. Das wichtigste Beispiel des Konflikts zwischen beiden wird am Rande der Geburtstagsfeier manifest. Hier protestiert Herta gegen die Veranstaltung dieser Feier im Elternhaus, wird allerdings von der Mutter nicht gehört. Darauf reagiert sie mit dem Rückzug aus dem Elternhaus. Sie nimmt auch nicht an der Feier teil. Im Gegenteil: Sie distanziert sich von dieser Geburtstagsfeier. Diese Verhaltensweise von Herta wird bis zum Schluß des Romangesehens keinen Einfluß auf die Mutter ausüben. Sie hat kein Gehör für die eigene

---

[271] Ebd., S. 306 und 323.

Tochter. Die Mutter hat vielmehr einen autoritären Charakter, was Herta ärgert. Die Lage spitzt sich zu, wenn beide Familienmitglieder sich prügeln:

„Herta, der Brief am Morgen angekommen, stürzte nach dem Blumenhof. Sie hatte ihrer Mutter, die nach ihr schlagen wollte, einen Finger zerbissen, die Fenster im Wohnzimmer aufgerissen, geschrien gegen die Mutter, daß die Nachbarschaft zusammenlief."[272]

An beiden Konfliktsituationen wird deutlich, wie schnell die Eltern-Kinder-Beziehungen in der deutschen Gesellschaft sich zur Kommunikationslosigkeit degradieren. Der Grund dafür liegt offenbar in dem Mangel an einem Familienoberhaupt.

Ein wichtiges Moment von Döblins Kritik an der deutschen Familie liegt in der Reduzierung der Liebe auf das Instinktive. Die Liebe wird entweder ins Materielle oder in die Sexualität umgewertet. Bei der Reise nach Amerika ist diese sexuelle Dominanz in den Beziehungen zwischen Gaby und Wadzek immer wieder spürbar. Erotische Szenen tauchen immer wieder auf. Sie sind an der Oberfläche Szenen der Liebe, erweisen sich in der Tiefe aber als Zeichen der Sexualität. Der Erzähler schildert eine diese Szenen folgendermaßen:

„Er (Wadzek) sprang um den kleinen Tisch herum, hinter sie, hatte den Rock in den Händen, riß. Dabei drehte sie sich rasch um, hockte vor ihm, der gebückt stand, nieder, preßte, ehe er noch bemerkt hatte, daß der Rock aus seinen leeren angehobenen Händen weg war, seinen Kopf an ihre Schulter herunter und rieb ihre rechte Backe an seiner linken und an seinem Schäfenhaaren."[273]

Weiter heißt es:

„Es war ihr ein kaum erwartetes Glück, daß Wadzek einen Wunsch hatten nach ihrem Körper; Sie machte sich Vorwürfe, daß sie gezögert hatte, so ganz wenig gezögert, versprach sich, ein andermal gewandter zu sein."[274]

Bei dieser Szene befiehlt Wadzek:

„Stehen Sie auf. Machen sie keine Kinderei mit mir. Ich haben Ihnen das schon einmal gesagt. Ich mühe mich mit Ihrem Rock, und Sie hüpfen weg

---

[272] Ebd., S. 319.
[273] Ebd., S. 324.
[274] Ebd., S. 325.

[...]. Liebe will ich nicht, ich verzichte auf Zärtlichkeit. Ich will Gehorsam[...]."[275]

Diese Fundierung der Liebe in der Sexualität hat zur Folge, daß der Lebenspartner bzw. die Lebenspartnerin nur noch als Sexobjekt betrachtet wird. Während Wadzek Frauen als Lustobjekte, die man unterhalten, bezahlen und frei lassen sollte, betrachtet, ist Gaby darauf bedacht, Wadzek zu leiten, ihn zu halten und aus ihm einen Filou zu machen, während sie selbst gleichzeitig seine Muse sein wird.[276]

Diese Kritik an der Degradierung der Familie, an der Heirat und an der Liebe weist auf eine Krise dieser Institutionen hin. Sie kann anhand einiger biographischer Daten des Autors rekonstruiert werden. verfolgt man die Familiengeschichte des Autors zurück, so könnte man Parallelen zwischen seinen Erlebnissen in der Familie und den dargestellten Krisenformen ziehen. Auf jeden Fall dokumentiert die Döblin-Forschung eingehend diese biographische Provenienz[277]. Ernst Ribbat betont die "erlebte Familienkatastrophe", die in der Flucht von Döblins Vater mit einer Mätresse nach Amerika besteht[278]. Man könnte zum Beispiel Wadzeks Flucht mit Gaby auf die genannte Flucht beziehen. Wadzek und Max Döblin kennen eine Familienkrise, beide verlassen ihre jeweiligen Familien und flüchten nach Amerika. Roland Links sieht seinerseits in der Deklassierung der Titelfigur den sozialen Abstieg von Max Döblin. Dabei argumentiert er, daß Döblin die tägliche Erniedrigung der Familie vor der reichen Verwandtschaft erlebt hatte . Der Autor war also Zeuge dieser Erniedrigung und der zahlreichen Auseinandersetzungen eines Ehepaares[279].Dieser Gesichtspunkt von Roland Links darf aber nicht verabsolutiert werden, denn die Streitigkeiten eines Ehepaares können sich ebenfalls auf freundschaftliche Ehepaare bezogen werden. Außerdem erlebte der Autor die Schwäche, Weiblichkeit und Schlaffheit des Vaters sowie den Hochmut der Mutter. Diese Familienkrise gilt allerdings nur als ein Beispiel unter vielen, die das Familienmitglied und der Bürger Döblin hat persönlich erleben müssen. Diese Vergangenheit sichtet er kritisch nicht nur hinsichtlich der kulturellen Institution Familie, sondern auch anderer kulturellen Institutionen der wilhelminischen Ära. Daß die Technik, die Wirtschaft, die Wissenschaft und die Gesellschaft Gegenstände von

---

[275] Ebd., S. 324 f.
[276] Ebd., S. 330 und 334.
[277] Vgl. Prangel, Mathias: Alfred Döblin, Stuttgart 1987, S. 14 ff und Links, Roland: Alfred Döblin, München 1981 vor allem das Kapitel "Kindheit und Jugend", S. 9 - 15 und Ders: Alfred Döblin. Schriftsteller der Gegenwart, Berlin 1965, S. 7 - 36 und Ribbat, Ernst: Die Wahrheit des Lebens, vor allem das Kapitel "Zur Biographie".
[278] Ribbat, Ernst: Die Wahrheit, S. 8.

Döblins Reflexion und Kritik sind, ist schon in einem anderen Zusammenhang bewiesen worden. Auf jeden Fall kann seine Kritik an dem wirtschaftlichen Konkurrenzkampf und an der technischen Zivilisation in die Kritik am Eigenkulturelle eingeordnet werden.

4.1.3 Wadzeks Europabild bei der Amerikareise

Mit Blick auf die Amerikareise der Titelfigur wird diese Kritik am Eigenkulturellen immer deutlicher formuliert. Diese Reise steht im engen Zusammenhang mit Wadzeks Europabild. Hier treten die Gegensätze "Europa" und "Amerika" deutlich hervor. In einem Gespräch mit Gaby im Schiff wird ihm die Gelegenheit geboten, sein Europabild zu artikulieren:

„Wir werden Amerika erobern [...]. Sehen Sie mich an Gaby. Ich bin ruhig. Bin mir meiner Kraft bewußt. Ich behaupte nicht zuviel, wenn ich Ihnen verspreche, daß ich Sie in ein Land führe, wo Milch und Honig fließt. Sie werden es an meiner Hand kennen lernen [...]. Amerika ist keineswegs entdeckt. Es ist nur ganz im Groben entdeckt. Ich habe gute Verbindungen drüben, bin orientiert über alles: Die Ellbogen muß man frei haben, das Recht haben, Gewalt gegen Gewalt zu setzen, niederwerfen, zerstören, was einen hindert. Das haben wir drüben in reichem Maße."[280]

Die Gegensätze "schlecht" und "gut", "Paradies" und "Hölle" tauchen hier implizit auf. Sie stehen in Verbindung mit der echten Entdeckung Amerikas. Das Thema "Gewalt" und "Frieden" bildet den Hintergrund von Wadzeks Phantasmen. Dabei vertritt er die Auffassung, daß das verlossene Europa das Böse symbolisiert, während Amerika das Paradies und das Glück verkörpert. Dies ist der Grund, weswegen er Amerika als "wundervolles Land" bezeichnet. In einem Gespräch mit Gaby wird klar, wie diese es versucht, sein Europabild zu haben:

„Ich bin auch überzeugt [...], daß Amerika ein wundervolles Land ist. Es wird Ihnen noch alles besser glücken, als Sie sich gedacht haben, Wadzek. Wie kommt Ihnen Europa vor?"[281]

Darauf antwortet Wadzek :

---

[279] Vgl. Links, Roland: Schriftsteller und Gegenwart, S. 12.
[280] Wadzek, S. 332 f.
[281] Ebd., S. 334.

„Nun, wie kommt mir Europa vor? [...] Wissen Sie, wie ich nach Amerika komme? Wie? Wie ein schmutziger, beschmutzter Hund, der gleich ein Bad nehmen muß. *Aus der europäischen Kloake.*"[282]

Wenn Wadzek hier Europa negativ betrachtet, so läßt sich sein Urteil mit seinen problematischen Beziehungen zu den eigenkulturellen Institutionen und mit seinem Außenseitertum erklären. Hier wird offensichtlich das Eigenkulturelle bzw. das Europäische zurückgewiesen. Dabei erscheint das Fremdkulturelle als Moment der Hoffnung. Es konstituiert sich sogar in Opposition zu den eigenkulturellen Kategorien. Über die Faszination des Fremdkulturellen hinaus, die bei der Hauptfigur am Ende des Romangeschehens rekursiv und nach wie vor diffus ist, thematisiert Döblin in der Geburtstagsszene Afrika bwz. Indien. Es handelt sich um außereuropäische kulturelle Sphären, die durch bestimmte künstlerische Medien identifizierbar sind. Döblins Umgang mit diesem Fremdkulturellen wird seine Kritik am Eigenkulturellen am besten beleuchten.

4.2   Döblins Umgang mit dem Fremdkulturellen: Afrika oder Indien als Muster?

4.3   Das problematische Fremdkulturelle in der Geburtstagsszene

In dem letzten Buch des Romans bietet die Geburtstagsszene den Anlaß, Afrika oder Indien zu thematisieren. Diese Szene wird in der Forschung sehr oft als Darstellung des Grotesken interpretiert. Dabei wird die Inszenierung des Fremdkulturellen übersehen oder nicht genug beleuchtet. Einen wichtigen Beitrag leistet Ira Lorf in drei Arbeiten über Döblin, in denen sie unter anderen der genannten Szene eine große Bedeutung beimißt[283]. Damit eröffnet sie eine interessante Perspektive in der Interpretation des Romans. Ich werde ich hier versuchen, Ira Lorfs Perspektive zu rekonstruieren, das dekonstruktive Verfahren und die ästhetischen Absichten des Autors zu befragen.

---

[282] Ebd.

[283] Vgl. Lorf, Ira: "Hier war man im echten Urwald". Zur Verarbeitung ethnographischen Wissens in einem `nicht-exotischen´ Text Alfred Döblin in: Jahrbuch für Internationale Germanistik. Internationale Alfred Döblin Kolloquium. Hrsg. von Michel Grunewald, Paris 1993, S. 113 - 125 und dies: Wissen - Text - kulturelle Muster. Zur literarischen Verarbeitung gesellschaftlicher Wissensbestände in Alfred Döblins Roman Wadzeks Kampf mit der Dampfturbine in: Jahrbuch für Internationale Germanistik. Internationale Döblin Kolloquium, Bern 1995, S. 83 - 94 und dies: Maskenspiele. Wissen und kulturelle Muster in Alfred Döblins Romanen „Wadzeks Kampf mit der Dampfturbine" und „Die drei Sprünge des Wang Lun", 1999.

Nach Ira Lorf liefert die genannte Szene "das Wissen über die "Fremde". Sie geht in ihrer Analyse von der Anthropologie des Kolonialismus aus, und betont, daß sie vor dem Hintergrund der Vermittlung ethnographischen Wissens im spätwilhelmischen Deutschland zu sehen ist[284]. Herangezogen werden nicht nur zeitgenössische und geistesgeschichtliche Ereignisse, sondern auch politische Essays des Autors, um sein Interesse an ethnographischem Wissen der kolonialen Ära zu verdeutlichen. In dieser Hinsicht werden einige Äußerungen genannt, die Vorurteile und Stereotype über außereuropäische und vor allem afrikanische Völker beinhalten. Daher zieht Ira Lorf den folgenden Schluß:

"Die Äußerungen Döblins dürfen als Kontext zum Wadzekroman nicht verschwiegen werden. Das gilt um so mehr, als die Auffassungen, die Döblin in seinem Artikel (Reims) vertritt, zeittypischen Denkstrukturen entsprechen. Pejorative Äußerungen über Afrikaner, die sich mit dem Beginn des Ersten Weltkriegs noch verschärfen, sind weit verbreitet. Schwarze werden- mehr oder weniger offen- mit Tieren verglichen. Dieses Bild des Afrikaners findet sich auch in der Kostümfestszene allerdings - durch die Maskerade - in ironischer Brechung: Die als ´Negerinnen´ [...] verkleideten Damen Wadzek und Litgau werden als grauenhafte ´Monstra´ beschrieben, als ´grauenhafte Gestalt [...] mit menschlicher Haltung ´und´ voluminöses Untier. Beide stoßen ein afrikanische[s] Gebrüll ´aus´. Dann krochen die Monstra vierbeinig gegen die junge Westpreußin [die Frau Kochanski] an, meckerten, schoben sich hundeähnlich an sie, und lachten, europäisch´ [...]. Unter der grotesken Kostümierung bleibt ´das angeborene Weiß [...]´"[285]

Indem sie den Romanquellen nachgeht, gelingt es ihr, den außereuropäischen Raum (vermutlich Kamerun) der Kostümfestszene zu rekonstruieren. Dies wirkt umso überzeugender als die Wörter "Urwald" und "Kamerun" in dieser Szene auftauchen. Aufgrund der semiotischen Kulturzeichen und Prozesse, die in der genannten Szene zu finden sind, .kann der Kulturraum irgendwelcher tropisches Land sein. Gewisse Anspielungen in dieser Szene erinnern an die Kultursymbolik Indiens. Darum pendelt meines Erachtens der im Text angesprochene Raum zwischen Afrika und Indien. Er ist sicherlich ein Tropenland schlechthin.

Laut Ira Lorf ist die Wissenspräsentation der Umgang mit ethnographischem Wissen. Dieses Wissen geht, nach ihr, in literarische Texte ein.[286] An dieser Stelle sieht Ira Lorf einen Dialog zwischen Literatur und Kunst, Ethnographie und Literatur, Kunst und Ethnographie. Sie greift auf die kolonialen Kategorien der primitiven Kunst und der Exotik

---

[284] Vgl. Lorf, Ira: "Hier war man im echten Urwald", S. 118.
[285] Ebd., S. 119.
[286] Ebd., S.120 f.

zurück und betrachtet sie als Kennzeichnen der deutschen Avantgarde. Mit Recht stellt sie fest, daß Döblin "zwei Ausprägungen des synkretischen Musters, das aus der Mischung heterogener fremder Elemente" und aus der "Mischung aus dem Eigenem und Fremden"[286] besteht, thematisiert. Dabei konterkarriere Döblin den "Authentizitätsanspruch", indem er die Kostümierung als eine groteske und unvollkommene beschreibt"[287]. Es gelingt Lorf durch einen Vergleich von Text und Kontexten, nicht nur ein "zeitspezifisches kulturelles Muster" zu rekonstruieren, sondern auch die Textquellen konsequent aufzuspüren. Es ist ihr Verdienst, die zeitgenössische Interdiskursivität anhand von Döblins Text erprobt zu haben. Allerdings ist diese interdiskursive Blickrichtung nicht unproblematisch.

Daß Döblin in seinem Reim-Artikel außereuropäische Völker im allgemeinen und afrikanische speziell bezeichnet, ist nur im Kontext des ersten Weltkrieges zu verstehen. Ihm geht es darum, die zeitgenössische populäre Meinung über die Teilnahme afrikanischer Soldaten im ersten Weltkrieg auf der einen Seite darzustellen, und sie auf der anderen Seite im Zusammenhang der europäischen Zivilisationskrise zu problematisieren. Damit reflektiert er keineswegs, wie Ira Lorf es behauptet, die "zeitlichen Denkstrukturen". Im Gegenteil: Er weist mit der Wissenspräsentation auf die gegenseitige Abhängigkeit von Kolonialherren und Kolonisierten bei der Lösung der europäischen Krise hin. Außerdem will er gegen die Instrumentalisierung des Fremdkulturellen kämpfen. Dafür spricht seine Anti-Kriegsposition und die innere Emigration, die ihn dazu führen konnten, Partei für die Armen und Marginalisierten zu ergreifen. Ich möchte mein Augenmerk auf den Umgang der Figuren mit afrikanischen bzw. indianischen Kunstobjekten und Döblins Funktionalisierung der theatralischen Kategorien der Kostümierung und der Maske. Ich möchte im Grunde zeigen, daß der Autor Döblin der zeitgenössischen ethnographischen Wissenspräsentation und Konstruktion von Außereuropa entgegentritt und im Globalisierungskontext der Kolonialdiskurse und der Internationalisierung für einen Dialog von Kulturen eintritt.

Kulturelle Segmente von Afrika oder Indien tauchen in der Geburtstagsszene auf. Der Anlaß ist die Veranstaltung des Geburtstags von Frau Kochanski bei den Wadzeks. Daran nehmen Die Frauen Litgau, Kochanski, Wadzek und zwei Jungen teil. Herta und Wadzek sind abwesend. Der gewählte Ort ist die Wohnung der Wadzeks. Dieser Raum enthält ein Ensemble von Gegenständen und Zeichen, die an die westeuropäische Kultur

---

[286] Ebd., S.124.
[287] Ebd.

erinnern. Dazu gehören die Möbel, die an der Wand hängenden Bilder, das Gaslicht. Der Erzähler macht darauf aufmerksam, daß "Wadzeks gutbürgerlicher Salon" an diesem Abend "nicht zu erkennen" ist. Dies bedeutet, es besteht ein Gegensatz zwischen dem Festdekor und dem alltäglichen Bild der Wohnung. Dieser Kontrast ist an sich schon bedeutungsvoll für diese Szene. Es liegt hier offensichtlich eine Verfremdung des Raumes und der feiernden Figuren vor. Hingewiesen wird auf den Rausch, der das Fest begleitet. So ist zumindest das Ausstoßen der Schreie, die den Onomatopöien ("O", "a", "Ach herje" „kikeriki") ähneln, zu verstehen[288]. Diese unverständlichen Schreie stehen mit der Betrunkenheit der Feiernden zusammen, erinnern wohl an das Instinktive am Menschen, können aber auch darauf hinweisen, daß die behandelten Themen nicht ernstgenommen werden. Aus der Perspektive des Erzählers erfährt man die allgemeine Stimmung kurz vor dem Fest:

> "Die Wohnung der Frau Litgau hatte ihre Reichtümer hergegeben wie nach einer Volkswanderung war etwas Afrikanisches oder Indianisches geworden [...]. Diese sonderbaren hellgelbe Masse, dieses fremdartiges fremde Gewirr, das aus einem Stall zu sein schien; es war wie eine hingestapelte Strohmiete, roh mit Berliner Strippe zusammengeknipst [...]. Aus dem Winkel. In den Tisch stand, bewegte sich, als vor Frau Kochanski die Tür aufgespürt wurde. Eine grauenhafte Gestalt her mit menschlicher Haltung."[289]

In dieser Passage bedient sich Döblin des Verfahrens der Verfremdung als ästhetischen Mittels, um die physischen Disproportionen der Figuren anschaulich zu machen. Dies drückt sich in der Distanzierung von der alltäglichen Welt und dem gewöhnlichen Aussehen der Figuren aus. Festzuhalten ist, daß die Figuren und die umgebenden Gegenstände einen fremdkulturellen und einen fremden Charakter haben. Ihre Beschreibung ist allerdings unpräzise, da es sich um "eine Anzahl umhüllter unförmiger Gegenstände" handelt, die von Unbekannten und nicht leicht identifizierbaren Personen getragen werden. Mit Zweifel und Distanz wird das Fremdkulturelle irgendwo zwischen das Afrikanischen und das Indianische gesetzt. Hier ist denn auch der Grenzpunkt zwischen dem interdiskursiv orientierten Ansatz von Ira Lorf und Döblins Gestaltung einer ambivalenten Erzählhaltung, welche dem Leser nicht gestattet, den fremdkulturellen Raum zu identifizieren. Eines ist aber sicher: Die Struktur der Geburtstagsszene läßt die Antipoden "Europa" und "Außereuropa" erscheinen. Das Fremdkulturelle ist hier ohne Zweifel außereuropäisch. Das Medium seiner Darstellung ist die Kunst. Sie wird durch ein Material, Töne und

---

[288] Ebd., S. 271 ff.
[289] Ebd., S. 280 f.

Formen objektiviert, die in fremdkulturellen Situationen mit einer Symbolik und einem Ritual verknüpft sind, die sehr oft polyfunktional sind. Inszeniert werden fremdkulturelle Situationen durch die Mittel der Maskierung und der Kostümierung in dem eigenkulturellen Raum. So benutzen die Figuren Kochanski, Pauline Wadzek, Litgau fremdkulturelle Ikone, Farben, Symbole und Formen, hören fremdkulturelle Töne, deren Sinn und Bedeutung sie nicht beherrschen. Dadurch verändern sie gern ihr gewöhnliches Ansehen, nehmen neue Formen an, wandeln das Vertraute ins Unvertraute um. Ihnen entkommen die sakralen, die religiösen, die magischen soziologischen erzieherischen Momente, mit denen die indianische oder afrikanische Maskierung verbunden sind.

Auch das ästhetische Moment kommt hier nicht in Frage. Die Entkontextualisierung der Maskierung führt dazu, daß ihr eine theatralische und ornamentale Funktion zugeschrieben wird.

4.3.1 Die Thematisierung des kulturellen Synkretismus in der Geburtstagsszene: Döblins Reaktion auf den außereuropäischen Diskurs

Der Erzähler weist deutlich darauf hin, daß hier eine Überkreuzung von Farben (Schwarz und "angeborene(m) Weiß") bei den feiernden Figuren vorhanden ist.

Im Anschluß an Ira Lorf kann man von "einer Mischung heterogener fremder Elemente" und "von der Mischung aus Eigenem und Fremdem" sprechen[290]. Auch wenn die Form des Fremden hier nicht präzisiert wird, kann es mit dem Fremdkulturellen gleichgesetzt werden. Aus der Geburtstagsszene geht deutlich hervor, daß das Gewöhnliche ins Ungewöhnliche, das Vertraute ins Unvertraute, und das Eigenkulturelles ins Fremdkulturelles für eine gewisse Zeit umfunktioniert wird. Döblin bedient sich des Verfahrens der Verfremdung, um die unumgängliche Vermengung europäischer und außereuropäischer kultureller Formen darzustellen. Es handelt sich offensichtlich um einen eigenkulturellen Synkretismus, der durch das Medium Literatur ästhetisch dargestellt wird. Im Aneignungsprozeß fremdkultureller Formen wird deutlich, daß es den Figuren schwerfällt, die so wahrgenommenen Formen zu nennen und zu kategorisieren, ihren Sinn und ihre Bedeutung, ihre Multifunktionalität adäquat zu entziffern. Zudem wird das Eigenkulturelle im Aneignungsprozeß zurückgedrängt. Dadurch wird eine doppelte Distanz der agierenden Figuren von den eigen- und fremdkulturellen Formen geschaffen. Die Inszenierung des

---

[290] Lorf, Ira: "Hier war man im echten Urwald", S. 124.

kulturellen Synkretismus impliziert die Schaffung von hybriden und synkretischen Typen. Um dies genau zu verdeutlichen, sei hier ein längeres Zitat erlaubt:

„Rasch machte der beinhebende Junge hinter Frau Kochanski die Tür zu. Noch eine halbe Minute tobte der Lärm um sie, die sich Strahlhalme aus den Haaren und von den Schultern hob. Dann krochen die Monstra vierbeinig gegen die junge Westpreußin an, meckerten, schoben sich hundeähnlich an sie. Das war die Wadzekdame, die Bewohnerin der zentralen Strohmiete, und die Litgau, welche den Baum zum Dröhnen gebracht hatte [...] Litgau wie die Wadzekdame waren kohlschwarz bemalt an allen sichtbaren Organen; das Lippenrot breit herausgeschminkt, auf den Wangen trugen sie spiralige Tätowierungen zinnoberrote Tuschungen. Unter bleiweißen Umrandungen quollen die Augen gräßlich hervor. Die Vermieterin schwang den keulenähnlichen Tambourstab. Ihr knochiges blökendes Gesicht stand vor einem engschmiegenden Fellrahmen, einem ungeheuren Gestell wie ein durchbohrte Fächer der sich von Ohr zu Ohr unter dem Kinn herum über den Scheitel spannte, graue und blaue lange Federn spießten aus der Peripherie heraus. Die Frau trank aus der Flasche, Schmatzend und gluckend, braunes Patzenhofer Bier; dabei schlotterte das lange scheckige Fell, das vorn und hinten über die Schultern fiel und hob sich, die Knie und halben weißen Oberschenkel entblößend. Es war ein Fell aus Kaninchenhäuten, das ihr Sohn Philip sehr akkurat zusammengenäht hatte; sorgfältig hatte er die dicken Schwänze geschont, weil sie bei Bewegungen schon lebendig aus der Ebene herauswackelten und drohten: Von den Knien abwärts trug die Dame Litgau nichts; *nackt und Schwarz war sie dort anzusehen; ungeschmückt auch ihre sonst so beachteten Zehen zwischen denen das angeborene Weiß sichtbar, wurden nur Zwei Strumpfbänder aus schwarzem Pelzwerk sollten in der Mitte der Waden sitzen [...].*

Die voluminöse Gestalt der Wadzekfrau zog sich nach der Begrüßung blökend zwischen die Fauteuils zurück. Ihre Nase brauchte für eine Negerin nicht gedrückter zu sein, die Augen nicht mehr Weißes entblößten. Wie sie sich duckte zu ihren Fauteuils, rauschten von ihrem abenteuerlichen hohen Kopfputz lange gedrehte Strohfäden herunter; ringsherum hingen sie von ihrem Kopf über die Brust, über die Schulterblätter, ein Schirmdach aus Stroh. Unter dem roten Kattunröcken bewegten sich die kolossalen Beine, die Brust tauchte und stieg gewaltig; über den Füßen latschten gewöhnliche westeuropäische grüne Pantoffel, weil die Maske erklärte. Auch in der Wüste nicht auf bloßen Sohlen gehen zu können, besonders nicht, wenn irgendwo was liege.

Als sie sich unter ihr Hausdach zwischen den vier roten Möbelstücken verkrochen hatte, klingelte die schwarze Indianer, die Keulenschwingerin [...]. Die Tafel begann, nicht ohne Schwierigkeiten: die Wadzekdame wollte durchaus nicht durchaus nicht aufstehen und auf der Erde essen. Was sich nicht durchführen ließ wegen des engen, zum Platzen geneigten Reockes der Konanski, die schwarze Schminke am Teppich abwischte; auch nicht das Stroh, das der Kopfputz von Frau Litgau regnete, mitessen wollte. Dann setzte man die Negerin allein an abgeräumten Platz der Geschenke, dort saß sie gerichtet und gemieden, und fischte unermüdlich gelbe Strengelchen

100

aus ihrer Suppe. Eine teuflische Gestalt mit Hörnern bildete die Spitze ihres felligen Kopfputzes, über der Stirn klebte an dem Fell ein braunes Stück Pappe, bemalt mit dem Brustschild einer zähnefleischenden schwarzen Frau, die anscheinend an ihren Finger lutschte; das Ganze schien eine afrikanische Hungersnot zu versinnbildlichen."[291]

Aus dieser Passage geht deutlich hervor, daß das Maskenspiel eine Umkleidung und Verkleidung voraussetzt. Dadurch verlieren die Figuren zum Teil ihre westeuropäische Identität, übernehmen allerdings nur oberflächlich und zeitweise die außereuropäischen Züge, weil sie der außereuropäischen Kunst und Kultur mit Vorurteilen entgegentreten. Die Zahl der Vorurteile, die Döblin in den Mund seines Erzählers und der feiernden Frauen legt, dienen dazu, ein zeitgenössisches Ideologem zu präsentieren, das in verschiedenen zeitgenössischen Diskurstypen Aktualität hatte. Im Romangeschehen verkörpern die feiernden Frauen jene westeuropäische Schicht der Bevölkerung, die mangels einer Erklärung die erworbenen Vorurteile über außereuropäische Kulturen reproduzieren und sie mit dem Häßlichen oder mit dem Spielerischen verbinden. Herta und Wadzek dagegen vertreten die Kategorie der Westeuropäer, die gleichgültig und mißtrauisch gegenüber dem Außereuropäischen sind. Dafür spricht ihre Entfernung von der Maskierung und Kostümierung. Wadzek unterscheidet sich allerdings von der Tochter dadurch, daß er zudem das Fremdkulturelle mit dem Exotischen verbindet. Der Erzähler faßt diese ambivalenten Positionen folgendermaßen:

„Er [der Maschinist] druckste herum, Wadzek nahm ihm die Fortsetzung vergnügt ab, sich in die Hosentaschen versenkend; *schwarz und weiß, nicht wahr; das meiner, seien eben immer - schwarz und weiß, - Aber Weiß und Weiß, sie seien da die Unterschiede: Er hatte einen höhnischen Ton in seiner dem Raum angeschmiegten, gar nicht klingenden Stimme.*"[292]

Der nach Amerika reisende Wadzek hält im Gespräch mit dem Maschinisten die Vermischung beider Farben für unmöglich. Als Ironie soll sein Urteil über seine Frau Pauline verstanden werden, wenn er meint, sie sei "ein wunderbares Geschöpf", "ein Mischling von Neger und Weiße(n)", etwas malaiisch, in dem „das Negerische" sich durchschlage[293]. Allein der junge Phillip verkörpert die naive und echte Wahrnehmung der außereuropäischen Kunst. Wenn Döblin die jüngste der Figuren als Apologeten dieser Kunst wählt, so denkt er an die Integration dieser Kunst in die Sozialisation westeuropäischer Jugend.

---

[291] Wadzek, S. 283 f.
[292] Ebd., S. 328 f.
[293] Ebd.

In Bezug auf die Geburtstagsszene, die die Polarität vom Eigen- und Fremdkulturellen thematisiert, kann der Roman als eine Replik auf den zeitgenössischen Exotismus und Primitivismus angesehen werden. In der Geburtstagsszene wird nämlich die "exotische" und "primitive Kunst" thematisiert. Sie gilt als jenes Medium, durch das Döblin die beiden Fragen aufwirft. Der Roman wurde in einer Zeit geschrieben, in der Döblin nicht nur schon ein interessierter Besucher der Weltausstellung in Brüssel war, sondern auch verschiedene Völkerkundemuseen und Bibliotheken besuchte. Auch stand er unter dem Einfluß der Künstler des "Blaue[n] Reiter[s] Kandinsky und Marc und der Brücke - Maler, die Döblin durch Herwarth Walden kannte[294]. Es ist ebenfalls nicht auszuschließen, daß Döblin durch die Lektüre zahlreicher ethnographischer Schriften zum Wissen über außereuropäische Kunst und Kultur gelangt[295]. Dies bedeutet, daß er an dem Diskurs über die "primitive Kunst" teilhatte. Vor allem gewann die außereuropäische Kunst an großer Bedeutung in der deutschen Literatur und Kunst der Avantgarde. Die bildende Kunst und die Grafik hatten hier die Oberhand. Dazu stellt Anton Scholl fest:

> „Die entscheidende Wende kam in den Jahren nach dem Ersten Weltkrieg: Die Saat vom Anfang des Jahrhunderts ging in dieser fiebrig ungestümen Zeit üppig auf. Der Krieg hatte mit seinen Verheerungen und dem darauf folgenden gesteigerten Lebenstempo, den Extremen von Leid und Lust, die Gefühle aufgewirbelt. Die Erstarrte Kunst der Vorkriegsjahre erwies sich als unfähig; Der Verwirrung, dem Chaos nach dem Sturz der Abgötter von einst Ausdruck zu verleihen. Nun war die 'Langweile am Vergangenen'[...] nicht nur in der enger begrenzten Welt der avantgardistischen Gruppen zu verspüren. Alles Exotische, vom Gewohnten Abweichende, alles, was neue Erlebnisse, neue Reize bot, wurde hektisch begehrt. In dieser Atmosphäre entdeckte auch die große Öffentlichkeit die außereuropäische, vor allem die afrikanische Kunst in allen ihren Ausdrucksformen."[296]

Das Interesse der deutschen Avantgarde an der außereuropäischen Kunst und speziell an der afrikanischen Grafik und Plastik war groß. Schon bei den deutschen Expressionisten war der Einfluß der afrikanischen Kunst zu spüren. Die Kubisten setzten sich vor allem mit den Formen dieser Kunst auseinander. Döblins Zeitgenosse Carl Einstein beschäftigte sich mit der afrikanischen und der europäischen Kunst im allgemeinen. Seine "*Negerplastik*" enthält Reflexionen über die afrikanische Kunst. Solche Reflexionen waren für manche Zeitgenossen nicht programmatisch und essayistisch, sondern literarisch dargestellt. Die literarische Verarbeitung der afrikanischen Kunst im Wadzek -Roman ist mei-

---

[294]   Lorf, Ira: "Hier war manim echten Urwald", S. 123.
[295]   Dies: Wissen - Text - kulturelle Muster, S. 86.
[296]   Schroll, Anton (HG): Afrikanische Kunst, Wien 1967, S. 11.

nes Erachtens Teil eines künstlerischen Diskurses über Afrika und Außereuropa. Auch wenn der Autor nicht deutlich Position zur afrikanischen Kunst bezieht, sind auf der Ebene der Verhaltensweisen der Figuren zeittypische Positionen reflektiert. Die Position des Autors Döblin über die afrikanische Kunst kann nur kritisch sein. Daher ist sie der von Carl Einstein näherzubringen. In *"Negerplastik"* heißt es:

> „Kaum einer Kunst nähert sich der Europäer dermaßen mißtrauisch, wie der afrikanischen. Zunächst ist er hier geneigt, überhaupt die Tatsache 'Kunst' zu leugnen und drückt den Abstand, der zwischen diesen Gebilden und der kontinentalen Einstellung sich auftut, durch die Verachtung aus, die sich geradezu eine verneinende Terminologie schuf. Dieser Abstand und die Vorurteile, die sich hieraus folgen, erschweren jegliche ästhetische Einschätzung, ja verhindern sie gänzlich; denn eine solche setzt zunächst ein Angenährt- sein voraus. Der Neger jedoch gilt von Beginn als der inferiore Teil, der rücksichtslos zu bearbeiten ist, und das von ihm Gebotene wird a priori als ein Manko verurteilt. Leichtfertig deutete man recht vage Evolutionshypothesen auf ihn zurecht; er mußte dem einem sich ausliefern, um einen Fehlbegriff von Primitivität abzugeben, andere wiederum putzten an dem hilflosen Objekt so überzeugend falsche Phrasen auf, wie Völker ewiger Urzeit und so fort. Man hoffte im Neger so etwas von Beginn zu fassen, einen Zustand, der aus dem Anfangen nie herauslange. Nicht zum wenigstens beruhen viele Meinungen über den afrikanische Menschen auf solchen Vorurteilen. Die zugunsten einer bequemen Theorie hergerichtet wurden. Der Europäer beansprucht in seinen Urteilen über die Neger eine Voraussetzung, nämlich die einer unbedingten, geradezu phantastischen Überlegenheit. De facto entspricht unsere Nichtachtung des Negers lediglich einem Nichtwissen über ihn, das ihn zu Unrecht belastet."[297]

Bei Einstein und Döblin ist "Kunst als Mittel zu anthropologischen oder ethnographischen Einsichten"[298]. Einstein betont den synkretistischen Ursprung der afrikanischen Kunst, soweit sie aus verschiedenen Stilen hervorgewachsen ist. Außerdem weist er explizit auf die gegenseitige Abhängigkeit zwischen Europa und Außereuropa hin. Döblin deutet auf ästhetischer Ebene nur implizit darauf hin. Beide Autoren kritisieren die "übliche Verständnislosigkeit des Europäers für die afrikanische Kunst", beide kämpfen gegen den Primitivismus und den Exotismus als Modi der Wahrnehmung von Außereuropa. Denn über einen kunsttheoretischen Diskurs hinaus impliziert die Thematisierung der außereuropäischen Kunst andere Diskurstypen, die außerästhetisch sind. Dazu gehören der koloniale Diskurs und der Rassendiskurs, die in verschiedenen Textsorten, Ressorts, abenteuerlichen Berichten, afrikanischen Märchen und Legenden und Kolonialakten zu finden

---

[297] Vgl. Einstein, Carl: Werke Band 1, Berlin 1980, S. 215.
[298] Ebd., S. 216.

103

sind[299]. Die Dekontextualisierung der afrikanischen Kunst zum Beispiel kann dazu führen, die Kunst als hermetisch abzuqualifizieren und ihr Funktionieren zu verkennen, künstlerische Objekte nur noch als Collage oder Montage anzusehen. Das heißt, die Geschichte, die Strukturen, die Mythen, die Funktionen und Formen, die dahinter stecken, werden nicht wahrgenommen. Die Komplexität afrikanischer und künstlerischer Objekte sollte die Forscher und Künstler europäischer Provenienz dazu veranlassen, genau auf sie einzugehen und sich nicht auf einige ethnographische Beschreibungen zu begrenzen. Die Anforderung scheint Leo Frobenius zu betonen. Wenn er über die afrikanische Maske erklärt:

„Die afrikanische Maske!

Was wissen wir von ihr!

Was nützt uns, wenn wir sie in Museen tragen und gut konservieren, oder wenn eingehend schildern, welchen Sitten und Gebräuchen sie dient? Ach nein! Denn wohl ist es schön, ihre Gestalt so gut konserviert zu wissen, wohl ist es erfreulich, durch die Beschreibung ihrer Benutzung sie das Licht eines schön ordentlichen Zusammenhanges bringen zu können, aber vom Leben, vom Erlebnis der afrikanischen Maske von dem, was sie seelenmäßig drüben ist, davon wissen wir damit noch durchaus nichts."[300]

Auch wenn beide Autoren in dem Umgang mit der außereuropäischen Kunst die koloniale Terminologie benutzen, stehen sie für deren Destruktion ein. Bei Döblin bedeutet die Auseinandersetzung mit dem Primitivismus und dem Exotismus einen Kampf gegen den Ethnozentrismus. Meine These ist, daß er durch die Verfahren der Dezentrierung, Synkretismus und Karnevalisierung ethnozentrische Positionen dekonstruiert. Bevor ich auf Konkretisationen eingehe, soll vorab das Schlagwort "Dekonstruktion" erläutert werden.

"Dekonstruktion" ist ein allgemeines Konzept der Poststrukturalisten und der Postmodernen. Dieser Begriff bezeichnet eine geistige Strömung, die sich vor allem auf den sprachlich- textuellen und ideologisch-metaphysischen Aspekt von Kultur und Literatur bezieht. Sie stellt die Fundierung von Zeichen und Kultur in einer bedeutungsgebenden Instanz infrage, kämpft gegen den Logo-, Phono- und Ethnozentrismus und hebt die Be-

---

[299] Vgl. Kiefer, Klaus: Diskurswandel im Carl Einsteins Werk. Ein Beitrag zur Theorie und Geschichte der europäischen Avantgarde, Tübingen 1994, S.176.

[300] Leo Frobenius zitiert nach Kiefer, a.a.O., S. 180.

deutung der Differenz hervor. Ein weiteres Paradigma der Dekonstruktion liegt in der Auflösung herkömmlicher binärer Oppositionsmuster. Dabei handelt es sich keineswegs um einen Umkehrungsprozeß, sondern um den Versuch, das Denken von Identitäten und Oppositionen von innen zu überwinden. Für die Literaturkritik hat die Dekonstruktion eine Reihe von Implikationen: Der Text ist ein Spiel von Zeichen, eine Intertextualität, ein Ort intertextueller Einflüsse und Interferenzen. Er bildet außerdem keine kohärente Struktur, sondern ein heterogenes Kraftfeld von Spannungen und Widersprüchen, die sich zu keiner inneren Einheit zusammenfügen. Ferner geht der Text über die ihm zugeschriebenen Bedeutungen hinaus und enthält in seiner Form und Rethorik den eigenen Bedeutungsanspruch, sich selbst zu dekonstruieren. Sowohl in der Literatur- und Kulturtheorie betont die Dekonstruktion alle kulturkritischen essentialistischen Konzepte wie die Marginalität, die Geschlechtsdifferenz, die kulturelle Alterität, die nationale Identität ‚die Wahrheit.[301]

In dem Wadzek-Roman wird in der Geburtstagsszene die Polarität zwischen dem Eigen- und Fremdkulturellen objektiviert. Döblin versucht anhand der Kategorie der Dezentralisierung diese Gegensätze zu überwinden. Unter den feiernden Figuren bildet der junge Phillip eine Ausnahme, weil er sich mit der indianischen oder afrikanischen Kunst beschäftigt. Der Erzähler portraitiert ihn wie folgt:

> „Man aß und wirtschafte kannibalisch. Der Junge hatte in der Küche aufzupassen, daß die fertigen Speisen war bleiben: Er war ein Schulfreund des Phillip, des Sprößlings der Litgau, jenes Phillip, der am Zaum gehangen hatte vor Wadzeks Haus, in Reinickendorf, und dadurch, daß er den Herrn übel zurichtete, die schmerzliche Verzögerung des schneemanischen Weißbiergenusses verursachte. Dieser mißhandelte Knabe war Sammler indianischer und negerischer Waffen und Werkzeuge, besaß zwar nur einen angeblich echten Fischpfeil, den er im Sofa verborgen hielt und nie vor Fremden heraus holte, streckte sich aber nach Abbildungen zahllose Kostüme und Gegenstände her"[302]

Außer der Sammlung von Kunstobjekten beschäftigt sich Phillip mit der Herstellung derselben. Dabei werden die Originalstücke nachgeahmt. Das heißt, er setzt sich zum Ziel, die außereuropäische Kunst und somit Kultur anderer zu reproduzieren und zu vermitteln. Die Wahl eines Jugendlichen als Nachahmer und Liebhaber dieser Kunst bedeutet für den Autor eine Rehabilitierung derselben und damit eine Kritik an dem eurozentrischen Umgang der älteren Generation mit dieser Kunst. Dadurch werden die ethnozentrischen

---

[301] Vgl. Metzler Lexikon. Literatur- und Kulturtheorie, Ansätze - Personengrundbegriffe. Hrsg. von Nünning Ansgar, Stuttgart 1998 unter "Dekonstuktivismus".
[302] Wadzek, S. 284.

Positionen anderer Figuren in Frage gestellt. Döblin läßt eine ernste Berücksichtigung außereuropäischer Kunstformen gegen deren Banalisierung spielen. Daher müßte nach seiner Ansicht das Fremdkulturelle ernstgenommen werden. Daß Phillip seine Gegenstände ernstnimmt, ist an seinem Weinen erkennbar. Er weint, weil die Trommel und andere Kunstobjekte von der eigenen Mutter und ihren Freundinnen systematisch und bewußt zerstört werden. Das ist der Sinn der Entkleidung. Die Sympathie von Phillip für diese Form der Kunst wird immer größer, obwohl ihm die betroffenen kulturellen Sphären total unbekannt sind. Seine Aneignung des Fremdkulturellen setzt sich von der Suche nach dem Exotischen, dem Abenteuerlichen und Primitiven ab. Er ist der Gegensatz zu der Titelfigur. In der Tat mündet Wadzeks Lob für Amerika ins Exotische und Phantastische, da Amerika das Land sei, in dem Milch und Honig fließen . Mit Wahrscheinlichkeit könnte die Position von Phillip die des Autors sein, während die Positionen von Wadzek, Litgau Pauline und Kochanski, die eine problematische Beziehung zum Außereuropäischen haben, die vom Autor bekämpften Vorstellungen vertreten. Durch die Kritik an diesen Repräsentationsformen des Fremdkulturellen gelingt es dem Autor, ethnozentrische Positionen der meisten seiner Figuren zu dezentrieren.

Döblin dezentriert nicht nur mögliche Positionen seiner Figuren, sondern auch den Charakter seiner Titelfigur. Dies kann man am besten anhand der Dichotomie "Heimat" und "Fremde" erläutern. Die Reise der Titelfigur nach Amerika bedeutet das Verlassen der deutschen Heimat. Dabei wird, wie ich schon angedeutet habe, das Eigenkulturelle mit dem Häßlichen gleichgesetzt, das Fremdkulturelle dagegen als Schönes bezeichnet und verehrt. Amerika wird als zweite Heimat betrachtet, aber nicht verabsolutiert, soweil seine Idealisierung mit Phantasie und Liebe zu verwechseln ist. Auch wenn die Titelfigur es gesteht, den Charakter nicht gewechselt zu haben, steht fest, daß der Charakterwechsel Realität geworden ist. Verstärkt wird er durch den Wechsel des Raumes, also der Kultur. Hier liegt denn auch der Sinn des Anpassungsprinzips, der Schlüssel der Lebensphilosophie der Heldenfigur. Dadurch wird es dem Menschen möglich, den Charakter zu erneuern[303]. Der Verlust der Treue zur Heimat und zum eigenen Charakter bedeutet schon die Nichtexistenz eines ethnischen Zentrums, von dem aus das Individuum andere Länder und Kulturen beurteilen kann. Er bedeutet ferner die Annahme des Prinzips der Heimatlosigkeit, das dem Individuum gestattet, das Eigen- und Fremdkulturelle neu zu lesen. Durch diese Exteriorität entzieht sich die Titelfigur jedem ethnozentrischen Charakter.

---

[303] Ebd., S. 303 f.

Das dritte Moment der Dezentrierung liegt in der Kanevalisierung der Geburtstagsszene. Bevor ich auf Beispiele eingehe, soll der Begriff "Kanevalisierung" im Anschluß an den russischen Theoretiker Michail M. Bachtin erklärt werden. In seiner Auseinandersetzung über die Weltliteratur entwickelt er einige Kategorien der modernen Romanästhetik wie den Hybridismus, den Synkretismus, die Dezentrierung, den Dialogismus und die Kanevalisierung, mit denen sowohl alte als auch moderne Romane gelesen werden können. Dabei verknüpft er die Dezentrierung mit der Karnevalisierung in dem polyphonen Roman. Diese Verbindung von Literatur und Karneval führt er auf die Lachkultur zurück. Unter der „Karnevalisierung der Literatur" versteht der russische Sprachphilosoph den Einfluß des Karnevals auf die Literatur. Sie umfaßt alle karnevalistischen Festlichkeiten, Bräuche und Formen, die in literarischen Werken dargestellt werden[304]. Meine These ist, daß Döblin sich der Karnevalisierung bedient, um sich jedem ethnischen Monologismus zu entziehen.

Karnevalistische Handlungsformen werden durch die Maskierung, die Kostümierung und die Inszenierung außereuropäischer Kunst ausgedrückt. Dabei wird die „inoffizielle Kultur" Afrikas oder Indiens zum wichtigen Motiv erhoben. Sie dialogisiert mit der „offiziellen Kultur" Europas. Die dargestellte Welt ist im Grunde "eine umgestülpte Welt", in der Gesetze, Verbote und Beschränkungen, die die gewöhnliche Lebensordnung bestimmen, für eine Weile außer Kraft gesetzt werden[305]. In der Geburtstagsszene liegt offensichtlich ein Mischbereich von Realität und Spiel vor, in dem Werte, Gedanken, Phänomene und Dinge aus verschiedenen kulturellen Sphären , vereinigt und vermengt werden[306]. Dieser Synkretismus darf keineswegs auf das Komische, Humoristische oder das Groteske reduziert werden. Im Gegenteil: dadurch verfolgt der Autor bestimmte ästhetische Ziele.

4.3.2 Polyfunktionalität des kulturellen Synkretismus und die europäische Krise

Die Verwendung des Fremdkulturellen kann vorschnell als Objektivierung des Schrecklichen angesehen werden. In diesem Fall gelten die benutzten Masken als Medien der Darstellung des Häßlichen schlechthin. Doch die Inszenierung der afrikanischen oder

---

[304] Vgl. Bachtin, Michail M.: Literatur und Karneval. Zur Romantheorie und Literatur: Aus dem Russischen übersetzt und mit einem Nachwort versehen von Alexander Kaeempfe, Frankfurt am Main 1990, S. 47.

[305] Ebd., S. 48.

[306] Ebd., S. 48 f.

indianischen Kunst- und Kulturformen deutet darauf hin, daß "alles Gewohnte, Alltägliche, Vertraute, und allgemein Anerkannte [...] plötzlich sinnlos, zweifelhaft, fremd und feindlich" geworden ist und daß "die eigene Welt" zu einer fremden Welt, zum Schrecklichen und Häßlichen geworden ist[306]. In dieser Hinsicht wird das Eigenkulturelle als Wahnsinn deklariert. In dieser Vorstellung des Eigenkulturellen als Wahnsinn offenbart sich die Polyfunktionalität des Fremdkulturellen. Gerade an dem Motiv der Maske und des Kostüms ist ein Thema der Volkskultur zu erkennen. Bachtin stellt folgendes fest:

> „Die Maske ist verknüpft mit der Freude an Wechsel und Umgestaltung, mit der heiteren Relativität, auch mit heiterer Verneinung von Konformität, Eindeutigkeit und Stumpfsinnigen Identität mit selbst. Die Maske steht für Übergänge, Metamorphose, Verstöße gegen natürliche Grenzen, für das Verspotten, für den Gebrauch von Spitznamen. Sie verkörpert das spielerische Lebensprinzip, und sie beruht auf jener spezifischen Wechselbeziehung zwischen Realität und Bild [...]."[307]

Im Anschluß an die hier erwähnten Funktionen der Maske und mit Blick auf die Verwendung der Maske im Roman möchte ich drei Dimensionen hervorheben, die der Autor Döblin sich zunutze macht. Die erste Dimension ist die Parodierung der monolithischen Darstellung der europäischen Zivilisation. Durch die Kostümierung und Maskierung problematisiert er die europäische Identitätskrise in der Zeit um den ersten Weltkrieg. Die Permanenz des Europäers und der europäischen Kultur wird infrage gestellt. Der Grund dafür liegt in der wachsenden Internationalisierung und Globalisierung, die durch den Erwerb von Kolonien verstärkt wird. Dadurch werden die Kontinuität, die Permanenz und die Identität, jene Kategorien, durch die der Europäer sich definiert, problematisiert. An ihre Stelle treten die Diskontinuitäten und Brüche. Sie ergeben sich aus dem Kontakt des Europäers mit außereuropäischen Kunst- und Kulturformen.

Die zweite Dimension betrifft die Metamorphose des europäischen Menschen. Die Maskierung und die Kostümierung dienen dazu, die erneuernde Rolle des Fremdkulturellen zu unterstreichen. Konzipiert wird es als Medium der Regeneration des Eigenkulturellen. In der um den ersten Weltkrieg existierenden europäischen Krise wurde, wie ich in einem anderen Zusammenhang schon gezeigt habe, nach Orientierungsmustern gesucht. Dies führte also einerseits zur Auseinandersetzung mit dem Außereuropäischen. Ander-

---

[306] Vgl. Bachtin, Michail M.: Rabelais und seine Welt. Volkskultur als Gegenkultur. Aus dem Russischen von Gabriele Leupold. Hrsg.von Renate Lachmann, Frankfurt am Main 1987, S. 89.
[307] Ebd., S. 90.

seits wurde das Fremdkulturelle verwendet, um das Eigenkulturelle zu hinterfragen, zu relativieren, zu erweitern und zu kritisieren.

In Wadzeks Abenteuerreise und in der Todeszeremonie tritt die Erneuerungsfunktion des Fremdkulturellen deutlich hervor. Auf der einen Ebene kommt den Todesfeiern von Wadzek eine große Bedeutung zu. Diese Zeremonie kommt kurz nach der Entkleidung vor. Gerade hier werden die Symbole des Fremdkulturellen zerstört. Zugleich aber wird das Eigenkulturelle kritisch gesichtet. In dieser Hinsicht entschließt sich Pauline, den eigenen Ehemann zu begraben :

"Ja er ist dahingeschieden [...]. Er ist tot: Sie müssen ihn hinaustragen: Ich muß einen Schwarzen Schleier haben, ein schwarzes Kleid[...]. >er muß sterben< schluchzte die Vermieterin. [...]. >Warum will er nicht?< [...]. >tot<, gefeierte Frau Wadzek [...]. >man hat ihn von mir genommen. Samt Kind. Ich allein auf der Welt. [...] Tot. Er ist tot! Er hatte einen Schraubenstock. Mein Kind hat er ausgesetzt< [...] In das Grab muß alles, meine Mitgift, mein Glück, mein Alles."[308]

Es handelt sich tatsächlich um die Inszenierung einer Beerdigung, nicht aber um eine reale Beerdigung des eigenen Ehemanns, wie Pauline es behauptet. Diese symbolische Beerdigung ist eine Lösung der eigenen Krise und somit der Krise des Eigenkulturellen. Sie ermöglicht, daß sich die Titelfigur von der europäischen Zivilisation distanziert und daß Pauline Wadzek die Widersprüche des Eigenkulturellen anspricht. Bei Wadzek kann man von der heilenden Funktion des Fremdkulturellen sprechen. Das exotische Moment erweist sich als ein Übergang, der auf eine Metamorphose der Titelfigur hindeutet. Auf einer außerästhetischen Ebene ist der Umgang mit dem Fremdkulturellen mit der Wahrnehmung des Eigenkulturellen untrennbar verbunden. Was die europäischen Figuren des Romans angeht, wird das Eigenkulturelle durch den geistigen und kulturellen Raum verkörpert. In diesem Raum wird "die Einheit eines geistigen Lebens, Wirkens und Schaffens" organisiert. Hier objektivieren sich Zwecke, Interessen, Sorgen, Mühen, die mit Anstalten und Organisationen in enger Verbindung stehen[309]. An die "Krisis des europäischen Menschentums"[310] geht Döblin in seinem Roman heran. Eine Lektüre sozialphilosophischer Abhandlungen von Döblins Zeitgenossen läßt dies besser hervortreten.

---

[308] Wadzek, S. 291 - 295.

[309] Vgl. Husserl, Edmund: Die Krisis des europäischen Menschentums und die Philosophie. Mit einem Nachwort von Bernhard Waldenfels, Weinheim 1995, S. 25 f.

[310] Ebd.

Der Kulturwissenschaftler Edmund Husserl wird sich mit der Krise des europäischen Menschen und Europas kritisch auseinandersetzen. Er formuliert einige Konzepte der europäischen Geschichte: die immanente Teleologie, die Universalität, die Rationalität und die historische Kontinuität und der Gegensatz "Heimatlichkeit" und "Fremdheit"[311]. Weitere Kategorien sind der Rationalismus, die Kausalität, die Endlichkeit und der Objektivismus. Solche Kategorien sind mit dem Naturismus verbunden und wissenschaftlicher Natur. Sie dienen dazu, eine rationale Welt- und Geisteserkenntnis aufzunehmen. Dies bedeutet, daß die irrationalen Formen, darunter außereuropäische Kultur- und Kulturformen, außer Acht gelassen werden. Wegen der Unfähigkeit des europäischen Menschen, andere Formen der Vernunft mit der eigenen Syntax zu erfassen, werden sie zum Irrationalismus degradiert. Dies erklärt sich dadurch, daß der europäische Mensch nicht in der Lage ist, die Totalität der Realität und das Fremdkulturelle mit den eigenen Denkkategorien zu erfassen. Dies stellt nicht nur ein Problem der Beziehung zwischen Geist und Natur, sondern auch des Unwissens des Analysierenden selbst dar. An der Unfähigkeit, die fremdkulturelle Realität mit eigenkulturellen Denkkategorien zu entziffern, ist ihre Fragwürdigkeit zu erkennen. Das Scheitern des Rationalismus und des Objektivismus bedeutet zugleich das Versagen der "rationalen Kultur"[312], also eine europäische Krise. Döblin demonstriert an zahlreichen Widersprüchen der europäischen Zivilisation, daß die Suche nach neuen Kategorien erforderlich ist. Sie könnten dazu dienen, der europäischen Krise entgegenzutreten. Diese Kategorien sucht er vor allem in dem Fremdkulturellen. Das Motiv des Fremdkulturellen ist immer als Kulisse in seinem ganzen Werk spürbar. Vom Wadzok-Roman über „die drei Sprünge des Wang Lun", „Babylonische Wanderung". „Reise in Polen" bis zur Amazonastrilogie versucht er das Fremdkulturelle und das Eigenkulturelle aufeinander zu beziehen. Dabei steht die europäische Krise im Zentrum seiner Reflexionen. An dieser Stelle scheint er auf einer ästhetischen Ebene folgende Gedanken des Phänomenologen Edmund Husserl vorweggenommen zu haben:

> "Die Krise des europäischen Daseins hat nur zwei Auswege: Den Untergang Europas in der Entfremdung gegen seinen eigenen rationalen Lebenssinn, den Verfall in Geistfeindschaft und Barbarei oder die Wiedergeburt Europas aus dem Geiste der Philosophie durch einen Naturalismus endgültig überwindenden Heroismus der Vernunft. Europas größte Gefahr ist die Müdigkeit. Kämpfen wir gegen diese Gefahr der gefahren als >gute Europäer< in jener Tapferkeit, die auch einen unendlichen Kampf nicht scheut, dann wird aus dem Vernichtungsbrand des Unglaubens, dem Schwebende Feuer der Verzweiflung an der menschheitlichen Sendung des Abendlandes, aus der

---

[311] Ebd., S. 27 f.
[312] Ebd., S. 68.

Asche der großen Müdigkeit der Phoenix einer neuen Lebensinnerlichkeit und Vergeistigung auferstehen als der Unterpfand einer großen und fernen Menschenzukunft: Denn der Geist allein ist unsterblich."[313]

Nicht für den Untergang, sondern für die Wiedergeburt von Europa und Abendland tritt Döblin ein. Im Gegensatz zu Husserl, der eine Europäisierung als Projekt hatte und somit als Apologet des europäischen Ethnozentrismus auftrat, spricht sich Döblin deutlich gegen "die sublime Form von Ethnozentrismus"[214] aus, die darin besteht, daß eine Kultur im Namen aller Weltkulturen sprechen wollte. Das Fremde wird weder als "bloße Abwandlung des Eigenen" noch als Projektion des Eigenkulturellen auf das Fremdkulturelle oder als Erweiterung des Eigenkulturellen durch das Fremdkulturelle konzipiert. Das Eigenkulturelle wird als Herausforderung und Befruchtung und nicht als Bedrohung für das Fremdkulturelle und umgekehrt gesehen.

---

[313] Ebd., S. 68 f.
[214] Ebd., S. 17, Hervorhebung vom Autor.

Ausblick

Das Ziel der vorliegenden Arbeit war die Untersuchung einiger Aspekte des Kampfes in Döblins Roman *Wadzeks Kampf mit der Dampfturbine*. Ausgegangen bin ich von der Analyse der Kampfstruktur und habe die Motivationen und die soziopsychologischen Auswirkungen untersucht. Analysiert werden dann die ökonomischen, soziopolitischen und romanästhetischen Aspekte, die zu der Analyse des Kampfes des Autors selbst führen. Dieser Kampf ist nichts anderes als die Kritik an der bürgerlich-kapitalistischen eindimensionalen Weltsicht. Hervorgehoben wird die kritische und utopische Funktion des Romans, in dem sowohl Döblin als auch seine Hauptfigur eine neue Realität an die Stelle der bestehenden setzen.

Eine Auseinandersetzung mit dem Wadzek-Roman soll zur Problematisierung der Beziehung zwischen der technischen und der Gattungsentwicklung führen. Daraus ergibt sich am Beispiel der Gattung Roman, daß Literatur auch durch technisch-wissenschaftliche Entwicklung bestimmt wird.

Kritisiert Döblin die technisch-wissenschaftliche und die soziopolitische Entfremdung, so forciert er zugleich die literarische Entfremdung. Wie im zweiten Teil dieser Arbeit gezeigt wurde, entwirft er neben der herkömmlichen Konzeption seine eigene Auffassung des Romans. Er setzt sich mit dem Epigonentum auseinander. Daraus ergibt sich, daß die individuelle Kreativität an die Stelle der kollektiven literarischen Nachahmung gesetzt wird. Zugleich kritisiert Döblin jene Konzeption der Entwicklung, die einige seiner Zeitgenossen durch industrielle und technische Fortschritte verwirklicht sehen. Dagegen entwirft Döblin einen Entwicklungsansatz, der vor allem auf der geistigen Produktivität des Menschen basiert. Denn erst durch die Produktion des Geistes kann der technische Fortschritt überhaupt sowohl in seinen negativen als auch positiven Aspekten beurteilt werden. Den Entwicklungsraum des Einzelnen auf Sozialgebilde, wie das Trustsystem, zu begrenzen, hieße in dieser Hinsicht, die individuelle Schöpferkraft zurückzudrängen. Döblin geht es darum, die verschiedenen Entwicklungsmodelle sowohl aus der Perspektive des Einzelnen als auch aus jener der Massen anschaulich zu machen.

Die Untersuchung des Kampfmotives in Wadzek soll insofern den Leser aus „peripheren Wirtschaftsgebieten" der sogenannten Dritten Welt zur Selbstreflexion über Entwicklungsmodelle fremden Ursprungs veranlassen. Dabei sollen diese Länder überlegen, ob sie selbst eigene Entwicklungsmodelle[267] ausarbeiten können oder ob sie die westliche Welt weiter als Referenzmodell betrachten sollen.

Gleiches gilt auch für die Übernahme literarischer Kanons fremden Ursprunges. Für manche Schriftsteller der Dritten Welt gilt die „westliche Literatur" als Bezugspunkt. Es soll in dieser Hinsicht überdacht und umgedacht werden, wie epigonenhafte Denkschemata und eine ästhetische Nachahmung zu vermeiden sind. Außerdem soll die literaturästhetische Entfremdung in jenen Gebieten problematisiert werden.

In Bezug auf die Kritik am Eigenkulturellen ist festzuhalten, daß Döblin die eigenkulturelle (europäische bzw. deutsche) Krise kritisch sichtet. Für ihn scheint die Alternative der Blick nach dem Fremdkulturellen (Afrika oder Asien) am Beispiel des Wadzekromans zu sein. Sein Umgang mit dem Fremdkulturellen setzt sich von einem naiven Lob und einer unreflektierten Bewunderung des Fremdkulturellen ab. Im Gegenteil: Er wirft das Problem des kulturellen Synkretismus auf. Dabei läßt er die europäischen Figuren seines Romans aus Anlaß einer ursprünglich europäischen kulturellen Erscheinung, nämlich des Geburtstages, synkretistische Züge tragen. Kultursegmente aus Afrika bzw. Asien und Europa treffen hier explizit aufeinander in einer durch den Kolonialismus immer kleiner gewordenen Welt. Gerade hier muß das moderne Individuum weder das Eigenkulturelle verabsolutieren noch auf das Fremdkulturelle herabsehen. Hier scheint mir der Kernpunkt von Döblins Problematisierung des Kulturellen Synkretismus zu sein, denn er ist zu einem unumkehrbaren Phänomen geworden. Damit setzt Döblin im Wadzek-Roman ein schon im Wang Lun-Roman angeschnittenes Thema: Die Dialektik von Eigen- und Fremdkulturellem.

---

[267] Franz Nuscheler spricht von dem falschen Entwicklungskonzept in Entwicklungsländern, die die Entwicklung durch Wachstum im wirtschaftlichen Bereich erreichen wollen. Diese Entwicklung sei nur durch die Eingliederung jener Länder in Industrienationen. Er geht also von der Annahme aus, daß viele dieser Länder sowie die manchen europäischen Theoretiker diese in erster Linie als industrielle Entwicklung betrachten. Insofern ist sie nur durch „nachholende Industrialisierung" möglich, also „Entwicklung durch die Nachahmung". Vgl. hierzu Nuscheler, Franz: Lern- und Arbeitsbuch Entwicklungspolitik. Völlig überarbeitete und aktualisierte Auflage, Bonn 1987, S. 24 f. Im Anschluß an Nuscheler läßt sich fragen, ob Entwicklung überhaupt durch Nachahmung möglich ist, von dem Moment an, wo jedes Individuum, jedes Land seine Spezifität hat. Man könnte auch einwenden, daß die Entwicklung wirtschaftlicher Art auf der internen Schöpferkraft jener Länder basiert.

Literaturverzeichnis

1.1 Primärliteratur

Döblin, Alfred: Wadzeks Kampf mit der Dampfturbine, unverkürtzte Ausgabe, München 1987 [1918].

1.2 Sekundärliteratur

zu „Wadzek" und zu Döblin :

Arnold, August (u. a. Hrsg.): Wirkendes Wort. Deutsche Sprache und Lehre. Zweimonatsschrift, Düsseldorf, November/Dezember 24 (1974).

Arnold, Heinz Ludwig (u. a. Hrsg.): Text und Kritik Heft 13/14, Alfred Döblin 2. Auflage November 1972.

Das Literarische Echo, 21. Jahrgang, Nr. 2. 15. Oktober 1918.

Deffo Tene, Alexandre: Die Problematik der Inhumanität in Alfred Döblins „Berlin Alexanderplatz" und in Sony Labou Tansis „L'Anté-Peuple", Université de Yaoundè, Mémoire de maîtrise, 1989 - 1990.

Demetz, Peter (Hrsg.): Worte in Freiheit. Der italienische Futurismus und die deutsche Avantgarde (1912 - 1934), Bonn 1990.

Die Neue Rundschau, 30. Jahrgang, Band 1.

Dollenmayer, David: The Berlin Novels of Alfred Döblin Wadzek's battle with the Steam Turbine, Berlin Alexanderplatz. Men without Mercy and November 1918. Berkeley, Los Angeles, London 1988.

Eschmir, Kasimir: Frühe Manifeste, Hamburg 1957.

Grunewald, Michael (u. a. Hrsg.): Internationale Alfred Döblin Kolloquium, Paris 1993.

Grunewald, Michael (u. a. Hrsg.): Internationale Alfred Döblin Koloquium, Bern 1995

Hochland, 16. Jahrgang 7. Heft 8, April 1919.

Huguet, Louis: L'Oeuvre d'Alfred Döblin ou la Dialextique de l'Exode 1918. Essai de psychocritique structurelle, Université de Paris X, Thèse 1970.

Karl Heinz, Daniel (u. a. Hrsg.): Über die Spracherfahrungen. Erkenntnisse deutscher Schriftsteller des 20. Jahrhunderts, Bremen 1966.

Keller, Otto: Döblins Montageroman als Epos der Moderne. Die Struktur des Romans „Der Schwarze Vorhang", „Die drei Sprünge des Wang Lun" und „Berlin Alexanderplatz", München 1980.

Links, Roland: Alfred Döblin, Berlin DDR 1980, München 1981.

Links, Roland: Alfred Döblin, München 1987.

Links, Roland: Schriftsteller und Gegenwart, Berlin 1965.

Lorf, Ira: Maskenspiele Wissen und kulturelle Muster in Alfred Döblins Romanen „Wadzeks Kampf mit der Dampfturbine" und „Die drei Sprünge des Wang Lun"... 1999.

Müller Salget, Klaus: Alfred Döblin: Werk und Entwicklung, Bonn 1972.

Pallus, Walter (u. a. Hrsg.): Der deutsche Roman bis 1949, Berlin 1983 [1972].

Prangel, Mathias: Alfred Döblin, Stuttgart 1987.

Ribatt, Ernst: Die Wahrheit des Lebens im frühen Werk Alfred Döblins, Münster 1970.

Schwimmer, Helmut: Döblin Berlin Alexanderplatz. Interpretationen, München 1973.

Stühler, Friedbert: Theorie und Forschung, Bd. 70. Literaturwissenschaft, Bd. 2, Regensburg 1989.

Zeitschrift für Bücherfreunde. Beiblatt NR. 10 Jahrgang 7. Heft 8.April.

1.3 Allgemeine Literatur

A., Herbert; Frenzel, Elisabeth: Daten deutscher Dichtung. Chronologischer Abriß der deutschen Literaturgeschichte, Band III, Vom Realismus bis zur Gegenwart, 23. Auflage, München 1986 [1962].

Aristoteles: Poetik. Übersetzt und hrsg. von Manfred Fuhrmann, Stuttgart 1987.

Arnold, Armin: Die Literatur des Expressionismus, Stuttgart 1966.

Bachtin, Michael M.: Literatur und Karneval. Zur Romantheorie und Literatur. Aus dem Russischen übersetzt und mit einem Nachwort versehen von Alexander Kaempfe, Frankfurt/Main 1990.

Bachtin, Michael M.: Rabilais und seine Welt Volkskultur als Gegenkultur. Aus dem Russischen von Gabriele Leupold. Hrsg. von Renate Lachmann, Frankfurt/Main 1987.

Balint, Michael: Regression. Therapeutische Aspekte und Theorie der Grundstörung. Übersetzt aus dem Englischen von Kätel Hügel, Stuttgart 1960.

Bark, Joachim; Steinbruch, Dietrich (u. a. Hrsg.): Epochen der deutschen Literatur, Gesamtausgabe, 1. Auflage, Stuttgart 1989.

Berg, Jan (u. a. Hrsg.): Sozialgeschichte der deutschen Literatur von 1918 bis zur Gegenwart, Frankfurt/Main 1981.

Blaich, Fritz: Kartell- und Monopolpolitik im kaiserlichen Deutschland, Düsseldorf 1973.

Döblin, Alfred: Die Ermordung einer Butterblume und andere Erzählungen, Olden, Freiburg 1986.

Eagleton, Terry: Einführung in die Literaturtheorie, Stuttgart 1998.

Einstein, Carl: Werke Band 1, Berlin 1980.

Goethe, Johann Wolfgang: Gesammelte Werke. Band II. Gedichte und Epen, München 1982.

Grawitz, Madeleine (Hrsg.): Methodologie des Sciences Sociales, Paris 1975.

Heinz Ludwig, Arnold (u. a. Hrsg.): Grundzüge der Literatur- und Sprachwissenschaft. Band 1, Literaturwissenschaft, 8. Auflage, München 1986.

Hillebrand, Bruno: Theorie des Romans, München 1980 [1972].

Hirscherger, Johannes: Kleine Philosophiegeschichten, Freiburg, Basen, Wien 1989.

Horkheiner, Max: Kritische Theorie der Gesellschaft, Band III, Frankfurt/Main 1968.

Husserl, Edmund: Die Kritik des europäischen Menschentums und die Philosophie. Mit einer Einführung von Bernhard Waldenfels, Weinheim 1995.

Kiefer, Klaus: Diskurswandel im Werk Carl Einstein. Ein Beitrag zur Theorie und Geschichte der europäischen Avantgarde, Tübingen 1994.

Marcuse, Herbert: Der eindimensionale Mensch. Studien zur Ideologie der fortgeschrittenen Industriegesellschaft. Frankfurt/Main 1988 [1967].

Nuscheler, Franz: Lern- und Arbeitsbuch Entwicklungspolitik. Völlig überarbeitete und aktualisierte Auflage, Bonn 1987.

Rötzer Hans, Gerd (u. a. Hrsg.): Begriffsbestimmung des literarischen Expressionismus, Darmstadt 1976.

Schiller, Friedrich: Sämtliche Werke in sechs Bänden, Band 1, Stuttgart o. J.

Schroll, Anton (u. a. Hrsg.): Einfürhung in die Kunst Afrikas, Wien 1967.

Schütz, Erhard; Vogt, Jochen (u. a. Hrsg.): Einführung in die Deutsche Literatur des 20. Jahrhunderts, Band 2, 1977, o. O.

Schwartzenberger, Gerhard: Sociologie politique. Eléments de Science politique, Paris Flammarion 1975.

Steffen, Hans (Hrsg.): Der deutsche Expressionsmus. Formen und Gestalten, Göttingen 1985.

Weber, Ingeborg (u. a. Hrsg.): Die deutsche Familie. Versuche einer Sozialgeschichte, 1. Auflage, Frankfurt/Main 1968.

Zima, Peter: Die Dekonstruktion. Einführung und Kritik, Tübingen 1994.

Zmegac, Viktor (Hrsg.): Geschichte der deutschen Literatur vom 18. Jahrhundert bis zur Gegenwart, Band 2, 2. Auflage, Königstein 1985.

1.4 Wörterbücher und Lexika

Arnold, Wilhelm (u. a. Hrsg.): Lexikon der Psychologie, Band II und III Freiburg, Basel, Wien 1980.

Bantel, Otto (u. a. Hrsg.): Grundbegriffe der Literatur, Frankfurt/Main 1983.

Bomdiani, Laffont: Dictionnaire des Oeuvres de tous les Pays, Paris 1953.

Buhr, Manfred; Kosing, Alfred: Kleines Wörterbuch marxistisch-leninistischer Philosophie, Berlin 1975.

Duden. Deutsches Universalwörterbuch. 2. Auflage. Hrsg. vom wissenschaftlichen Rat, u. a. Mannheim, Wien, Zürich 1989.

Metzler - Lexikon Literatur- und Kulturtheorie. Ansätze - Personen - Grundbegriffe. Hrsg. von Nünning Ansgar, Stuttgart 1998.

Wilpert (von), Gero: Sachwörterbuch der Literatur, Stuttgart 1989.

Waldenfels, Hans (Hrsg.): Lexikon der Religion. Phänomene - Geschichte - Ideen, Freiburg, u. a. 1995. Sekundärliteratur

Biographie

Der Autor dieses Buches wurde 1965 in Babete (Westkamerun) geboren. Studium der Germanistik an der Universität von Yaounde bis 1999. Seit 1999 arbeitet er an einer Dissertation über Alfred Döblin.

www.ingramcontent.com/pod-product-compliance
Lightning Source LLC
Chambersburg PA
CBHW070644300426
44111CB00013B/2254